O Caso do Matemático Homicida

O Caso do Matemático Homicida

JULGAMENTO SIMULADO PARA INTRODUÇÃO AO DIREITO

2016 • 2ª Edição

Víctor Gabriel Rodríguez

O Caso do Matemático Homicida
Julgamento Simulado para Introdução ao Direito
© Almedina, 2016
Autor: Víctor Gabriel Rodríguez
DIAGRAMAÇÃO: Almedina
DESIGN DE CAPA: FBA
ISBN: 978-858-49-3150-7

Dados Internacionais de Catalogação na Publicação (CIP)
(Câmara Brasileira do Livro, SP, Brasil)

	Rodríguez, Víctor Gabriel O caso do matemático homicida : julgamento simulado para introdução ao direito / Víctor Gabriel Rodríguez. -- 2. ed. -- São Paulo : Almedina, 2016. -- (Casos práticos) Bibliografia. ISBN 978-85-8493-150-7 1. Direito penal 2. Direito penal - Brasil - Casos I. Título. II. Série.	
16-04531	CDU-343

Índices para catálogo sistemático:

1. Direito penal 343

Este livro segue as regras do novo Acordo Ortográfico da Língua Portuguesa (1990).

Todos os direitos reservados. Nenhuma parte deste livro, protegido por copyright, pode ser reproduzida, armazenada ou transmitida de alguma forma ou por algum meio, seja eletrônico ou mecânico, inclusive fotocópia, gravação ou qualquer sistema de armazenagem de informações, sem a permissão expressa e por escrito da editora.

Julho, 2016

EDITORA: Almedina Brasil
Rua José Maria Lisboa, 860, Conj.131 e 132, Jardim Paulista | 01423-001
São Paulo | Brasil
editora@almedina.com.br
www.almedina.com.br

Es la costumbre. Allí le dicen la ley, pero es lo mismo. Los hijos se pasan la vida trabajando para los padres como ellos trabajaron para los suyos y como quién sabe cuántos atrás de ellos cumplieron con su ley...
Juan Rulfo

PREFÁCIO À SEGUNDA EDIÇÃO

El caso del matemático homicida narra la historia de un crimen y de las razones que llevaron a un hombre a su comisión. El protagonista mata por motivos de honor en cumplimiento de su destino y de leyes escritas en el corazón humano. Como Antígona, atiende a leyes que no son de hoy ni de ayer sino de todos los tiempos... Pero a diferencia de Antígona, que incumple los edictos del rey para dar sepultura a su hermano, nuestro protagonista, Cesar Bongarr, infringe la ley terrena matando a un hombre. No es el problema de la obligatoriedad de las leyes injustas o de la existencia de injustos legales lo que el relato trae a nuestra consideración, ni el de las antinomias de conciencia, sino el problema de la pena legal y la pena justa ante la conducta de un hombre que cumple con su destino y para dar sentido a su vida. Es el problema de si la pena prevista para un hecho tan grave deviene injusta en atención a las circunstancias, los motivos, las razones del autor.

El lector tiene entre sus manos una gran pieza literaria que es a la vez un *juicio simulado para introducción al Derecho*. Lo singular del caso, y lo que le hace idóneo para la discusión de problemas fundamentales del Derecho penal y de la filosofía del derecho, es que el homicidio no ha llegado a conocimiento de los tribunales y que posiblemente no llegaría nunca si no fuera confesado por el propio autor. El autor del delito, nuestro protagonista, se dirige a siete juristas reconocidos y les pregunta si tiene que entregarse y confesar su crimen. Apela a sus conocimientos técnicos pero también a su comprensión humana. Esa es la pregunta que todos, juristas, lectores y alumnos, debemos también responder.

Cesar Bongarr se nos presenta como un hombre que se hace preguntas tras el hecho pero que sabía en todo momento lo que hacía. Un hombre capaz y que quiere que no haya duda acerca de su imputabilidad. Pero había muerto su padre, su madre, su hermana... y él estaba obligado por leyes no escritas a hacer justicia (¿o fue venganza?). Y ahora, cuando la causa oficial de la muerte de la víctima es un fallo multiorgánico, metástasis cerebral y adenocarcinoma, Cesar Bongarr se pregunta -nos pregunta- si no debería constar en el certificado de defunción de la víctima, *por justicia histórica*, la verdadera causa de la muerte, a saber, la repentina paralización de las actividades cerebrales causada por la inyección endovenosa de un potente relajante muscular que él mismo le suministró. Poco importa, parece, que la víctima fuese ya un hombre gravemente enfermo y en situación terminal. Cesar Bongarr es, en verdad, tal como yo lo veo, un hombre atormentado. Un hombre que ha cumplido con su destino pero que duda. Que pregunta, y nos pregunta, si debe entregarse y confesar su delito, si debe ser castigado, qué pena debería cumplir en tal caso, y por qué, y si sería justo, y si coinciden la pena legal y la pena justa..., y tantas otras preguntas que todos debemos responder.

¿Qué motivos tan poderosos tenía Cesar Bongarr para llevar a cabo un acto de semejante naturaleza? Las circunstancias que rodean el crimen, la historia familiar, la sorprendente vida del padre, el engaño del que fue víctima, la ruina económica de la familia, la muerte de la hermana..., todo está contado con singular maestría. El lector se ve atrapado enseguida por la fuerza y el ritmo de la historia, y no puede dejar de leer. Y cuando Cesar Bongarr hace evidente su gratitud hacia sus antepasados, y toma conciencia de su deber, el lector sabe que habrá de cumplir inevitablemente con su destino. Sin dejar de ser libre. Pues "actuar conforme a valores como la honra, o buscar intensa y efectivamente un sentido para la vida no significa perder el juicio"...

El caso del matemático homicida es un libro excelente, bien escrito, con indudable valor literario, y que nos llama a reflexionar sobre la responsabilidad y la pena. Un libro de estas características solo podía ser escrito por quien, como Víctor Gabriel, reúne la doble condición de excelente jurista y magnífico escritor.

MERCEDES ALONSO ÁLAMO
Catedrática de Derecho Penal
Universidad de Valladolid
España

PREFÁCIO À PRIMEIRA EDIÇÃO

A convergência sócio-acadêmica verticalizada pelo impontual convite desferido pelo autor desta criação intelectiva suscita a um só tempo a delicadeza intimorata do gesto amigo bem como o desafio sedutor da tarefa solicitada.

É extremamente complexo, ao contrário do que se verifica – e, talvez do que se possa supor – na rotina construtiva de excertos prefaciais ou de apresentações das obras escritas em geral, a incumbência de elaboração de um prefácio. Ainda mais se se divisa uma comunidade de características instigantes que o projeto de opúsculo idealizado pelo protagonista maior inocula na superposição temática do estudo de caso cujo *plot* chegou a merecer – *et pour cause* – dupla designação consecutiva: "A estranha morte de Jacy", substituída, mediante o faro percuciente do refinamento severo da concepção sensível da trama, por "O caso do matemático homicida."

A observação poderia, à primeira vista, endossar uma aparência de banalidade crua, entretanto, a composição de elementos articulados sob uma rica narrativa de circunstâncias imagéticas descaracteriza tanto o enquadramento técnico como um "caso" como a própria função de um prefácio usual. Trata-se, na verdade, de um "*fari/for/fatus sum*", modalidade verbal latina de natureza depoente e intransitiva, no sentido forte de "dizer/declarar", ou a proposição autônoma para estabelecer as nuances dialéticas da questão criminal apurada no núcleo episódico cuja tessitura medeia entre a passividade mentada no caráter da personagem-vítima e o vigor extenuante de sua resistência hercúlea ativada pelo mais profundo sentimento de honradez e coragem.

Este breve inventário concentra o arquétipo de um opúsculo, em razão de objetivos meramente didáticos. Nesse sentido, essa categoria editorial configura-se em miniaturas textuais versando sobre impressões literárias, críticas setoriais, registros de tendências ou debates diversos, destituídos de uma envergadura paradigmática das ideias universais. Não se distanciava da perspectiva do Autor esse viés, no esforço de ilustrar a problemática da pena nas atividades de Laboratório em Ciências Criminais, a partir de um determinado "caso", recurso aplicado como modelos de oficinas didáticas de cursos jurídicos. Contudo, as limitações pretendidas para a consecução desta diretriz acentuaram a humildade de um intelectual autêntico e se diluíram na pujança incontida da sensibilidade estética e da virtude da boa escrita.

As ferramentas de organização do conteúdo narrativo se manifestam, de pronto, inusitadas e impactantes: a constatação da exiguidade fática diante da perplexidade incompreensível da natureza humana. A altivez de César, personagem-chave de uma autêntica saga nórdica, descortina a defesa anômica de Sócrates diante do Tribunal de Atenas, assombrando os cidadãos e comovendo os verdadeiros juízes, a partir das questões dirigidas aos causídicos responsáveis pela sua defesa. Tal comparação se define pelo esvaziamento de significados que um jogo de argumentos pode influenciar determinada decisão. As indagações sobre o delito, o impulso doloso na concretização de vingança, o resgate da honra, a dicotomia no plano do justo/injusto, a relação da história passada e o resgate futuro como uma sombria e anódina vitória expõem a fragilidade e, mesmo, a inconsistência das estruturas normativas da axiologia jurídica no contexto criminal.

PREFÁCIO À PRIMEIRA EDIÇÃO

O eixo histórico irmana a soberba Hungria, rediviva de atrozes impérios espúrios, tão vívida quanto estranha, ao Brasil do ciclo Vargas, agropastoril, ignorante, violento e ladino, culturas políticas igualmente aviltadas pelo autoritarismo e pela penúria de seus povos. As personagens integrantes da família Bongarr nos perfis de Rodolfo e sua mulher, os filhos César e Mercedes testemunham as vicissitudes da imigração, da guerra, de fugas, de armas, associadas ao ambiente inóspito da sobrevivência e à memória trágica dos destinos arrasados pelos desígnios da má sorte e da insensatez do cotidiano no espaço social. O momento telúrico desloca-se para a região do Xingu pelas promessas de uma independência financeira, mediante aquisição de terras a se transformar em fazendas produtivas e prósperas. E, nesta região, em meio à exploração de mão-de-obra, manietada por grupos de grileiros, a família Bongarr experimenta a fragmentação e o flagelo. O falsário Jaci forjando uma sociedade com o velho Rodolfo apropria-se das economias do imigrante húngaro e se torna proprietário e patrão de sua vítima. Nesse ínterim, por falta de recursos falece precocemente a filha Mercedes, embora seu pai houvesse procurado seu malfeitor para que propiciasse auxílio para o tratamento da jovem que definhava a cada dia. Rodolfo posteriormente morre de forma violenta na defesa de terras e seu corpo nunca foi localizado.

César cresceu, estudou, foi aprovado em universidade pública, tornando-se um matemático competente, galgando em funções empresariais e adquirindo posição social e respeito profissional, mas o desejo de vingança nunca abandonou seu espírito lúcido. A morte de sua mãe lhe revela o caminho para o desfecho planejado: uma carta de seu pai a Jaci, solicitando auxílio para custear os estudos de César para a universidade. A carta não foi recebida e retornou ao destinatário, aspecto que intensifica o intento de consumação do crime.

Outras personagens habitam a dinâmica cênica da história: a curiosa leitora húngara frequentando a biblioteca e a intimidade dos livros, como um fantasma de filme "noir", o advogado que consagra menos a retórica e a argumentação, destilando uma poção de ironia e formalidade em face do grotesco de uma existência vergastada pelo sacrifício e pela injustiça.

Por coincidência – essa palavra já foi identificada alhures como Deus – enquanto o convidado se preparava para redigir este prefácio, assistiu ao filme "Era uma vez na Anatólia", do diretor turco Nuri Ceylan. As figuras humanas representadas por policiais, legistas, advogados e um promotor silenciam-se diante da precariedade simbólica das condições de existência, na tentativa de localizar um corpo, em buscas orientadas pelo próprio agente do homicídio. Num dos diálogos finais do filme, observa o promotor de justiça: "Um promotor para desvendar esse crime, deveria ser um astrólogo." Essa consonância aproxima-se do objeto instrumental que Victor Gabriel delineia no primado da efetividade normativa e da justificativa penal. A submissão a esquemas lógicos, ao regime de provas, à busca pela verdade real não autonomizam o campo argumentativo.

Apenas uma dúvida permanece na abordagem analítica da ação do matemático criminoso: o sabor de uma vingança que se transmuda em graça para o calhorda Jaci, aniquilado por um câncer avassalador que lhe aufere dores lancinantes, internado no quarto número 213. Autoriza o paciente ao médico responsável ministrar-lhe a morte, cabendo a César consolidar esse processo, aplicando-lhe uma injeção letal. O prazer não se contém numa mera intervenção hipotética...

PROF. CARLOS EDUARDO DE ABREU BOUCAULT
Professor Doutor de Direito da Unesp

SUMÁRIO

INTRODUÇÃO À SEGUNDA EDIÇÃO — 17
  1. Concepção do Caso — 18
  2. Sugestão para uso do caso concreto — 21

I. Meu crime — 25

II. Mercedes — 35

III. O Xingu, eu e as consequências — 41

IV. Outras perdas — 53

V. A padaria e o coágulo — 63

VI. Vinho — 65

VII. São Paulo e o advogado — 71

VIII. Livros e Sentido — 79

IX. O quarto 213 — 103

X. Pedido — 113

Anexo 01: Atestado médico psiquiátrico — 117

Anexo 02: Certidão de Óbito — 117

Anexo 03: Manuscrito — 118

INTRODUÇÃO À SEGUNDA EDIÇÃO

A rápida aceitação que teve esta obra nas Universidades e Faculdades de Direito, pelo trabalho da Editora Almedina, motivou-me a uma segunda edição em algo reformada. Fiz alterações no texto original, sem entretanto qualquer mudança no enredo. Apenas poucos vocábulos e períodos foram substituídos, para conceder mais realismo ou mesmo ritmo e sonoridade ao texto. Ritmo, enredo e sonoridade são características com as quais sempre me preocupei, mas que para esta segunda edição se me fizeram cruciais: surpreendeu-me como os alunos, professores e até os meios de imprensa se referiram à obra com realce a seu aspecto literário, daí a responsabilidade de um texto aperfeiçoado fermenta-se muito para o autor. Meu constante trabalho de publicação de ficção e ensaio na imprensa especializada me concede alguma autoridade para dizer que postulados jurídicos são suscetíveis de interpretações variadas, mas a qualidade de um texto é sempre binária. Ele, o texto, é bom ou mau, sem nuances.

Esta nova edição surge também porque a versão do "Caso do Matemático Homicida" para o idioma espanhol me concedeu a oportunidade de ganhar o prefácio da Professora **Mercedes Alonso Álamo**, Catedrática de Direito Penal da Universidad de Valladolid. Suas palavras me deixaram honrado, pois partem de alguém com mais que notória especialização no tema de fundo desta ficção: as circunstâncias do homicídio. Então uso as palavras de Mercedes Alonso como prefácio à segunda edição brasileira, mas, claro, a preservar também o preciso e poético texto do Professor **Boucault**, jurista e linguista que dispensa maiores apresentações. Mantêm-se na íntegra seus comentários à primeira entrega.

Para os que ainda não conhecem a obra, faço eu a seguinte apresentação, destinada especialmente aos Professores que a utilizem. E divido o texto em duas partes: a Concepção do Caso e as Sugestões para seu uso.

1. Concepção do Caso.
Este caso é parte de uma obra maior, que elaborei para a área do Direito com que lido especialmente. Trata-se, essa obra maior, do livro "Laboratório de Direito Penal", que traz dez casos concretos, no estilo deste, com a pretensão de servir como livro paradidático que aborde todos os principais temas da Parte Geral daquela disciplina.

O "Laboratório de Direito Penal" foi elaborado a partir da convicção de que os casos concretos estimulam a participação do aluno, quem, ao verdadeiramente *atuar* no caso, vai em busca do conhecimento, e para tanto visita biblioteca (virtual, que seja) em busca de material para elaborar um texto coerente que confira racional solução ao problema posto. Nesse sentido, direciona-se o aluno à busca pelo aprendizado – não porque seja impossível passar a ele algum conteúdo via aula expositiva somada às recomendações de leituras feita pelo professor – mas por ser imprescindível que algo verdadeiramente o *estimule*. Diante de uma geração que vem tão pouco habituada à atividade da leitura e da pesquisa, a dramatização de um tribunal simulado, com a sadia competitividade que nele naturalmente se fermenta, põe o jovem aluno no caminho da pesquisa e da leitura, a fim de apresentar seu próprio discurso, vencedor, ou sua solução para o caso, mais persuasiva que a dos demais colegas. Com o reiterar dessa atividade simulada, o aluno nota que o tempo de leitura – concentrada, ativa e solitária – não se substitui pela passividade da freqüência às aulas expositivas, que são relevantes mas têm papel diverso.

Dentro desse método, porém, o presente **Caso** destacou-se do conjunto. Explico: ele foi elaborado para ser a última das narrativas do curso da Parte Geral, e nessa sequência – que eu comprovo há anos com meus próprios alunos – traz satisfatório resultado. O aluno, já pondo fim a seu curso de Parte Geral, ali é conduzido a refletir, e apresentar respostas muito concretas, sobre a os motivos e finalidades da aplicação da pena e sobre a própria função do Direito penal. Em si mesmo, o caso já planejava então uma fundamentação mais aberta, talvez suficientemente distante da dogmática.

A prática do exercício em sala de aula, entretanto, mostrou que os alunos o interpretavam para bastante além do Direito penal, o que não é surpreendente visto que os cortes epistemológicos no Direito são muito questionáveis. O que surpreendeu é o *quanto* os alunos que o solucionam traziam de fundamentação resgatada de suas aulas de Introdução ao Direito, Filosofia e Ética. A partir daí, a conversa com professores dessas matérias introdutórias (e apaixonantes), autorizou a que a presente narrativa tomasse corpo próprio, para figurar individualmente como um caso específico que visa a discussão, aprofundada, das questões dos grandes temas: Igualdade, Punição, papel do Estado, Honra, Costume, mas, principalmente, o eventual distanciamento entre Lei e Justiça.

Para transpor a narrativa do Direito Penal para a Introdução e Filosofia do Direito, fiz apenas duas modificações: o título, que assumira a responsabilidade de ser capa de um livro, abandonando então o antiga forma de "A curiosa morte de Jaci" para o mais ilustrativo "Caso do Matemático Homicida", que resgata no leitor a analogia com outras obras no segmento, a exemplo do mais que famoso "Caso dos Exploradores de Cavernas"; no conteúdo, apenas transformei um questionamento sobre o específico tema da *dosimetria da pena* em uma pergunta ética relevante – que no original pareceria superada – sobre a moralidade da conduta do advogado que venha, por hipótese, a aconselhar a seu próprio cliente a que não assuma a autoria do crime que este lhe confessara. Uma problemática que, na experiência do caso concreto, já fez surgirem debates impressionantes.

A narrativa tem um argumento em tese simples: um matemático mata a um homem, mas crê que o fez motivado pela honra e, mais, para cumprir seu próprio destino. Ao menos, é assim que ele interpreta sua ação. Ocorre que, do modo como agiu, embora haja o cadáver de sua vítima, ninguém descobriu a existência do crime. Mas o protagonista, em busca de respostas para seu próprio ato, escreve uma longa carta a ser postada a sete juristas, relatando detalhadamente os complexos fatos que antecederam o assassinato, bem como toda sua motivação. Nessa carta, convida os juristas para que – após conhecer todos os detalhes expostos em seu relato – respondam-lhe questões como: "diante de o que eu fiz, é justo que eu seja punido"? "Existe diferença entre lei posta e lei justa"? "Por que a lei me imporia um sofrimento futuro"? "É possível que seja ético que os senhores, juristas, protegidos pelo segredo profissional, me indiquem a ocultar das autoridades esse crime que cometi"?

Ao colocar seu futuro nas mãos dos juristas, acrescenta: "Os senhores conhecem a responsabilidade de seu ato. Nele, está o futuro deste pobre matemático. Espero que desfrutem do meu café. Será um diálogo de gênios." E o enredo, caso se prolongue, o fará com o intuito de fornecer elementos argumentativos, porque, como todo caso real, a interpretação//reconstrução da realidade requer muito cuidado.

2. Sugestão para uso do caso concreto:

Como essa narrativa, bem como as demais que fazem parte da obra maior, é utilizada por mim há anos, aqui me permito enunciar algumas dicas para momento da sua resolução em sala de aula. Primeira delas é que o professor colabore com a **dramatização** que tanto empolgará os alunos, ao ponto de eles se envolverem como em uma atividade de prática que lhes soa absolutamente real. Assim, ainda que a princípio pareça um pouco pedante, algumas medidas, por dizer algo, litúrgicas, surtem seu efeito notório, porque ao fim e ao cabo nada mais são que elementos que promovem a devida respeitabilidade cenográfica ao **aluno**, centro de todo o exercício: um ambiente (sala) que, para este caso concreto, simule a reunião dos juristas, que eventualmente podem até usar vestes talares mesmo ali – onde está instalada uma reunião que não deixa de ser uma Corte – concedem à atividade um entorno que motivará à discussão mais apurada. O caso faculta a montagem também de uma equipe de acusação e outra de defesa, que devem então ter espaço e tempo para efetuar o debate dialético, o que por sua vez demandará tablado e, talvez, o comando de um líder do Tribunal, como se fora um juiz-presidente. Quando se usa dessa dialética acusação-defesa, surgem debates tão acalorados que se faz indispensável uma autoridade, mesmo ao se simular uma simples reunião caseira. Eu **aconselho** realmente que se utilizem no caso **acusação e defesa**, embora o texto em tese dispense esses participantes; é que, sem alguém obrigado à dialética, há o risco de que muitos dos detalhes relevantes à solução escapem aos juízes, e então o julgamento cai em uma reducionista hegemonia.

Se o professor quiser, pode construir reuniões prévias para a análise do caso, para identificar as intencionais lacunas ou, ao revés, o excesso de detalhes que nascem de uma narrativa feita sob o ponto de vista comprometido da primeira pessoa. Para evitar argumentação pelo puro senso comum ou carregadas de preconceito, o professor, em especial quando tratar com alunos recém-ingressos na Universidade, deve estabelecer diretrizes e leituras anteriores, que embasem a solução, desde que não vinculem – ou seja, não obriguem – a um posicionamento único. A expectativa pelo veredicto tem de ser real.

Falando em senso comum e preconceitos, talvez valha alertar que nesta narrativa – como em todas as demais daquele livro originário de Direito penal – há também uma função *empática*, que também é perigosa porém realista. Os detalhes da vida do personagem, seu caráter menos ou mais agradável, seu passado ou sua forma de entender e enunciar a realidade (sua própria realidade) certamente influenciarão o leitor. Isso também é feito em caso pensado, pois é natural do cotidiano forense que alguém se envolva no drama humano que está por detrás do crime, na convergência de sentimentos, histórias, erros de percepção e interpretação, traumas e tantos outros elementos que compõem autores e vítimas. Daí o exercício forma o aluno para que lide também com essa dualidade: não cair na armadilha de ser **injusto por simpatia ou antipatia**, mas tampouco desconsiderar a tragédia pessoal que circunda cada delito. Tal é, ademais, o grande dilema de todo o direito público. Portanto, desconstruir a narrativa para reconstruir uma sequência de fatos objetiva, com seleção de o que for juridicamente relevante, porém sem cair em uma frieza, por assim dizer, desumana é tarefa do próprio estudante.

Acredito que seja um interessante auxílio para o debate em sala de aula. De modo análogo ao que afirmei na introdução ao *Laboratório de Direito Penal*, aqui também notará o aluno que ele apreende o Direito quando, com calma e concentração, lê e interpreta os bons manuais, as obras clássicas, os tratados e monografias presentes em nosso mercado, para conduzir seu próprio discurso. Ao professor cabe orientar essa leitura e, mais, motivar a ela. Creio que a presente obra colabora nesse intento. Não mais que isso, mas creio que não é pouco.

Estimado (a) Senhor(a),

Doutor(a)_____

    Contrato a Vossa Excelência, e a outros seis dos maiores juristas da cidade, para que apreciem a narrativa anexa que demorei meses em elaborar.

    Na próxima semana, às 17h, em um salão cujo endereço segue anexo, reuniremos todos nós: Vossa Excelência, os demais seis renomados juristas, que recebem uma carta exatamente igual e esta, e eu. Podem aparecer mais dois debatedores, mas nesse caso eu os apresentarei oportunamente.

    Nesse salão, servirei um café da tarde e, logo após, gostaria de ouvir vosso pronunciamento acerca dos fatos que narro, respondendo às questões que aparecem ao fim. Peço o uso aprofundado da razão e do intelecto de Vossa Excelência, pois deles depende meu futuro.

    Por Seu trabalho, pagarei bem mais que o justo.

    Até breve,

    César Bongarr

– I –
Meu Crime

Fatos, sim. Mas não. Não basta que os senhores acompanhem os fatos. Devem compreender o que se passa comigo, o que raciocinei. E talvez faça algum sentido dizer que cada palavra de o que aqui conto foi pensada, lida e relida; dentro de minha capacidade, é o melhor que pude fazer. Neste momento em que tomam conhecimento destas palavras, os senhores já me conhecem. Sabem que não sou bandido, que na altura destes quarenta e cinco anos de idade tenho quase trinta de trabalho intenso, diário. Alguma leitura, algum estudo e talvez uma ideia de sentido da vida que poucos conseguiram conceber, digo agora isso com pouca humildade. Quando terminarem de ler estas linhas, talvez se arrependam de haver amaldiçoado o fato de eu me estender no presente relato, mas vejam: só os senhores, doutores, lograrão rechear de significado cada ponto de minha vida, e enfileirá-los de modo que eles se completem e expliquem um ato final, porque na verdade a história da existência e do meu crime não são apenas um processo de causa-conseqüência, são um momento único, indissolúvel, divisível apenas na mente daqueles que não compreendem que é necessário fazer a vida tomar uma forma palpável, bela, harmoniosa como a colmeia, ou a Via Láctea. Ou a forma de um bom livro. A vida deve tomar uma estética, deixar que os olhares se comuniquem e se expandam, abrir caminho para uma unidade que devolva à elipse seu sentido de constituir e proteger um núcleo, como um quadro de Velázquez, a forma áurea de uma galáxia ou um livro de Hemingway.

Escolhi os senhores, doutores, não tanto como juristas reconhecidos, mas como mulheres e homens de valor. Os senhores sete foram selecionados com absoluto rigor, após ampla pesquisa. Notarão que será demandada não apenas sua ilustração técnica, seu raciocínio apurado, mas algo também da compreensão humana dos senhores, qualidade que certamente os destaca nessa selva de profissionais. Em uma darwiniana lei de sobrevivência, os senhores são os melhores juristas da metrópole. Talvez de momento não alcancem o nível de compreensão que tenho, de que as ocorrências são uma elipse e que a vida do ser humano não tem começo, meio e fim quando vista de um espectro maior, então, como eu dizia, pouco importa se eu conto minha história pelo fim ou pelo começo porque na verdade tudo é tão indivisível como um elétron, e a narrativa se faz direcionando a própria vida, não apenas contando-a. Pelo fim: eu matei um homem. Eu matei um homem e até agora só ele e eu sabíamos disso. Entre os vivos, agora só eu e cada um de vós sete, que recebeis esta carta.

Preciso entretanto dizer que o meu crime não foi um delito comum, ele é repleto de situações especiais, que são do passado. São do passado, mas eu as revivo quase todos os dias, e, mesmo que eu não as revivesse, elas continuariam existindo porque eu sou direta conseqüência delas. Eu e minhas atitudes, e talvez minha busca por justiça, que também se reveste de um duplo viés: a morte e a procura por alguém que possa, de modo neutro, resolver o dilema que agora como

I. MEU CRIME

um obsessivo fantasma continua a me perseguir. Então os senhores já detêm uma importante pista para compreender o que lhes pedirei. Não recebam meu pedido na condição de meus defensores, o que menos necessito é que me defendam neste momento, porque minha defesa é só a verdade. Talvez todos os réus digam algo nesse estilo, mas eu sequer réu sou. Preciso apenas que cada um dos senhores use a consciência de jurista para poder julgar-me. Pagarei para que usem sua própria consciência, para que ela lhes aponte a convicção pessoal.

Mas, para poder-lhes alcançar a consciência, necessito agora que nossa mente se traslade a Balástya.

O crime começa no século passado, em 1915. Em Balástya, um pequeno povoado na Hungria. Acho que é no Sudoeste da Hungria, o que não nos representa muito, porque de qualquer modo é tudo distante demais. Em 1915 nascia meu pai em Balástya, não sei exatamente em quais condições. O que ele me contava é que eram camponeses, nem ricos nem pobres, mas penso que para os padrões de hoje eram pobres sim, apenas não miseráveis. Devia ser uma terra fértil, a terra de lá tem seus mistérios até mesmo para os melhores agrônomos. Agora pulamos para 1936 e meu pai já tem mais de vinte anos, segurando um fuzil como todos os de sua geração. Mais especificamente, estamos tratando da Guerra Civil da Espanha, ele está agora caído ao chão porque ao que parece foi atingido por um estilhaço de granada que os nacionalistas lançaram em uma trincheira qualquer, na sua mente passam todos aqueles pensamentos de saber se existe mesmo um ideal nesta vida, se ele está do lado certo da batalha, se vale a pena uma guerra que, vista com mais perspectiva, não passa de um fratricídio. Esses detalhes, doutores, eu consegui saber depois de muito tempo de pesquisa, de conversa, e, como poderão notar, sobrevivem ainda muitas lacunas. Como a de o que ocorreu exatamente depois de ferido pelo tal estilhaço, mas sei que ele se faz prisioneiro de guerra e passa dias (ou meses?) quase sem comida em um campo de concentração improvisado, que na verdade era um terraço misto de arena de tourada e campo de futebol onde se amontoavam inimigos e, de vez em quando, se lançavam balas para diminuir o contingente. Ele se furta desses fuzilamentos-relâmpago e dias depois logra, com mais dois amigos, fugir correndo pela estrada enquanto era levado por um trajeto de quinze quilômetros entre a tal praça de touros e uma chácara que servia também de concentração de inimigos políticos. Algum indício há de que, na fuga, um tiro lhe atinge de raspão, e que seu companheiro tomba morto por disparo de fuzil. Acreditem, doutores, que todos esses detalhes compõem o crime que lhes narro. Agora estamos já terminada a guerra de Espanha, mais exatamente no meio da Segunda Grande Guerra. Porém já não no fronte, mas em uma bucólica chácara além da fronteira entre Espanha e França. Meu pai consegue passaporte ou identidade francesa e agora cultiva vinhedos em um pedaço de terra que lhe pertence, contíguo à fazenda que o abrigara alguma vez quando ele cruzava a fronteira. Ele recebe uma condecoração do exército gaulês, honra ao mérito pelo serviços de guerra, mas não quer nunca explicar o motivo daquilo, mesmo passados trinta ou quarenta anos de tudo isso ele ainda se cala, Eram tempos extremos e estávamos todos armados até os dentes!, foi a única frase que consegui retirar dele sobre os anos 1940. Mas voltemos, ou seguimos adiante: estamos em 1951, ele soma trinta e poucos anos e vende tudo o que tem para despedir-se da França, dos vinhedos, do exército que lhe condecora. Ao que consta apura bastante dinheiro, mas despreza aquele conforto e aquela cultura, a partir de então os quatro idiomas que deve falar à perfeição lhe servirão pouco, e do dialeto húngaro acho que lhe resta somente o sotaque. O que consta é que tudo é convertido em ouro, que ele traz amarrado ao próprio corpo, junto a um punhal para garantir sua posse, porque na viagem não lhe permitirão mais carregar pistola. A viagem a

I. MEU CRIME

que me refiro é o navio que deixa algum porto basco, e cruza o Atlântico para atracar na costa da Venezuela ou Colômbia, onde ele desce porque, ao que consta, como muitos outros queria conhecer o mundo novo, onde se fazia a borracha, e onde havia terras ainda não pisadas pelo homem. Tem muitos outros detalhes por meio, mas talvez não façam parte do meu crime, ou façam parte sem determinar-lhe o resultado, fato é que ele passa três anos no coração da selva da Venezuela, ou Colômbia, aprendendo a andar no mato, vendo garimpos e depois campos de petróleo. Não se esqueçam que ele era um soldado experiente, a quem, imagino, alguns dias sem comer ou uma pequena febre tropical não intimidam tanto. Agora vem uma lacuna que eu gostaria de preencher, mas não a creio essencial: algo faz com que ele abandone tudo aquilo e venha diretamente ao Brasil, talvez porque já houvesse ali juntado o dinheiro desejado, ou porque a gente não é afável, ignoro. Curioso, ele chega a São Paulo um dia antes da morte de Getúlio Vargas, pelo quanto sei ainda com ouro na cintura e algum dólar no bolso, mas agora já um revólver Taurus, que naquele tempo se podia portar sem prestar muita satisfação às autoridades. Sei que ele tem dinheiro e quer comprar terras na selva, para isso busca um advogado. Um grande homem, então recém formado. Meu pai está no escritório do jovem advogado no centro da metrópole, um homem sereno, talvez já alcoólatra, que lhe diz que é impossível que ele sozinho leve adiante seu plano de aquisição de terras, o advogado afirma algo muito próximo a isso: "O senhor tem quase nenhum documento pessoal, um passaporte francês de duvidosa procedência, cara e fortíssimo sotaque de estrangeiro, não poderá comprar qualquer pedaço de terra no nosso país, e creio que nem aqui, nem na Colômbia, nem na Venezuela, talvez Paraguai ou Argentina, mas ali não lhe interessa porque ali não tem selva. Tem boa terra, mas não tem selva. A solução mais segura é que o senhor se naturalize brasileiro, mas nestes tempos esse processo não está tão simples.

O mais imediato é um contrato de gaveta ou a participação pequena em uma empresa que adquirisse terras, o senhor seria então sócio de alguém, um nacional". Essas palavras me foram reproduzidas por esse mesmo advogado, que ainda vive. Agora meu pai tem seu ouro certificado pelo Banco do Brasil e guardado no cofre da instituição na XV de novembro, e mesmo assim mora em uma pensão ao lado da estação de trens, que deveria ser um lugar bem simples embora nada comparável aos pulgueiros que existem ali agora. O que me faz pensar que ele era muito obstinado e que tampouco seu ouro era uma grande fortuna, porque a terra no país era então muito barata. Pois bem, alguns sujeitos – dentre eles meu padrinho, que entrará na história em breve – garantem que os planos do meu pai tinham a ver com os mais de dois anos que ficara metido na selva venezuelana (ou colombiana), sobre os quais não tenho dele qualquer rastro. Sei só que ele ficou encantado em saber como era possível que a terra desse tanta coisa sem que houvesse de plantar, porque os índios, que ele acabava de conhecer de perto, viviam simplesmente retirando das árvores comida, e remédio, e frutas, e borracha. Pode parecer exageradamente melancólico o que afirmo aqui, mas é frase que meu pai teria pronunciado, naquelas décadas de convulsão política nacional, ao tal advogado, "Na Hungria aprendi que todo o esforço que se faz para cuidar da terra, ela te devolve na colheita; mas aqui eu vi que se a terra for respeitada como vida e alma, ela te doa frutos sem plantio. Sem esforço. É quase um milagre". Afora alguma carga de sentimentalismo que pode ser falsa em um texto reproduzido de segunda mão, os planos dele consistiam em comprar terras à beira da floresta densa, a fim de cultivar o que o índio só extraía, e então aumentar a capacidade de produção agrícola no planeta. E ganhar mais dinheiro com isso, claro, não sei se com a valorização, mas o que eu posso garantir é que, se ele quisesse só dinheiro, investiria em arrancar madeira e ouro daquela região, o que todos faziam gerando milhões, e isso ele jamais fez. Prefiro acreditar na versão do ideal de aumentar a produção de víveres do planeta, porque ela concerta com a obsessão daquela geração: pelo temor à fome global, produzir grãos. Por motivos evidentes no pós-guerra.

Então ele se mantém na pensão em São Paulo e viaja pela primeira vez ao Xingu. Poderia ter outros planos, mas sua idéia era conhecer a região para, depois, comprar alguma terra ali. Nisso também se passam muitos anos, em que o que sei é que ele economiza ao máximo de seu dinheiro, e financia por si mesmo longas expedições no Xingu, onde conhece muita gente, faz alguns amigos, estreita laços com a realidade indígena. Um patrimônio também de conhecimento.

E aqui começam os problemas.

Porque agora estamos em janeiro de 1965 e meu pai está em um hospital de meia légua em Cuiabá, que se pode imaginar o que era naquele tempo. A questão é que nesses anos de exploração, talvez tenha tardado em questionar-se e ao final descobrir por que a terra era tão barata, a terra é barata porque comprá-la não garante nada. Sem a guerra pela posse, a propriedade fica só no papel. Ou ele já sabia disso, não sei, o fato é que agora ele está no hospital porque estava descendo algum rio no Norte do Mato Grosso, com uma ou duas canoas com caboclos e índios dali, e foi atraído para a margem por gritos de socorro que não eram mais que uma emboscada. Tratava-se de um ataque inimigo, em que lhe atinge uma ponta de lança feita de osso, essa é uma das versões.

No hospital lhe visita um tal de Jaci, esse homem que eu, tempos depois, decido que merece a morte por minhas mãos, como lhes disse, são simultâneos todos esses fatos. Para mim, são. Jaci é um homem de menos de trinta anos, de pele morena e provavelmente alguém de compleição forte. E, pelo que consegui reconstituir, muito alegre, falando sempre alto, hiperativo. Ele conta a meu pai que aquelas terras são muito perigosas (como se isso já não lhe fora claro) e que e ele se aventurou demais buscando explorar a região assim sem maior proteção contra os riscos locais. Os riscos humanos, porque macacos, jaguatiricas e jacarés não são os animais mais perigosos do Xingu, meu pai era prova semi-viva disso. Posso hoje jurar que na verdade fora esse Jaci que mandara dar um susto naquele a quem então falava sobre parceria e amizade, porque, segundo Jaci, tinham interesse em comum: conseguir comprar terra, porém com ética; com escritura, posse e sem grilagem.

Pra encurtar já estamos em uma tarde de fria garoa no inverno de 1968, no escritório do advogado amigo de meu pai, em São Paulo. Ali ele entrega, na frente do advogado e desse Jaci, *todo* o ouro que tem. Eu disse *todo*. São cautelas com assinaturas e selos oficiais que permitem que seu portador desça à XV de Novembro e retire tudo o que meu pai ganhou enquanto fugia de fuzilamentos na Espanha e protegia fugitivos de nazistas em território francês, ou resistia à febre amarela na selva quase-caribenha e sabe Deus mais o quê. Tudo porque era constituída ali uma sociedade de capital ínfimo, que nunca recebeu o incremento do ouro, porque o ouro foi parar diretamente no nome do Jaci sob a alegação de que somente ele, o Jaci, poderia comprar de imediato as terras que seriam exploradas pela empresa "Companhia Agrícola do Xingu". Companhia que só existiu no papel. O compromisso era que Jaci adquirisse as terras e, ao fim de dois anos, ele as transferisse para a empresa. Se os senhores, doutores, já pensam que esse dinheiro desapareceu e o tal Jaci deixou meu pai na miséria, estão enganados. A maldade desse homem vai muito mais longe.

O tal Jaci fez-se, individualmente, dono de uma fazenda gigantesca naquela mesma região, cuja compra meu pai negociou de perto. E agora se passam mais quatro anos, estamos em 1973 e eu acabo de nascer, pouco antes de minha irmãzinha Mercedes completar três anos. Meu pai é um sujeito razoavelmente feliz, que ainda se crê proprietário de vastas terras no Xingu, porque continua sendo sócio da

I. MEU CRIME

tal empresa. Um homem feliz, porém cansado. Porque ele conhecera minha mãe em São Paulo, e se casara, e rejeitara totalmente a ideia de que seus filhos pudessem ser criados em uma cidade pequena, então sua rotina é viajar durante meses para administrar os negócios no Xingu e depois voltar a seus mapas. Sim, os mapas. Naquele tempo, meu pai vivia desenhando mapas em papel vegetal, a partir de cadernos de anotações e medições que fazia nessas viagens. Entenda: a terra que compraram não era bem uma fazenda, era um pedaço de chão quase sem fim. Sem *Google Earth* ou qualquer coisa parecida, tardava-se anos para mapear o território: rio por rio, morro por morro. Seu plano, isso ouvi dele próprio, era conseguir ter toda a terra explorada, os rios e capões registrados, as áreas cultiváveis planejadas. Sim, ele falava em preservação da floresta em conjunto com cultivo, em um tempo em que fazer de índios semi-escravos e arrancar toda a madeira possível, já o disse, era a regra. Acreditem ou não, senhores, é uma verdade historicamente documentada.

Um ano depois de meu nascimento já desaba a traição, quando meu pai termina o mapeamento e ocupação do território – o que custa trabalho e muitos tiros de escopeta, o tal do Jaci arranja um comprador para a área, livre de grileiros e posseiros e todo o resto. Só vinte e quatro anos depois eu venho a saber que, quando eu completava um ano de idade, no justo dia da minha festinha para os vizinhos, meu pai soube por uma carta que a fazenda havia sido vendida por completo (o que jamais compusera seus planos) e que a parte dele... bom, que a parte dele simplesmente não existia. Não existia porque as terras estavam em nome de Jaci, declarado único dono e recebedor de toda a fortuna que resultara da venda daquela área. Sobre o que ocorreu nesse intervalo em que meu pai trabalhava como um burro para explorar a área e desocupá-la de posseiros, mapeá-la e registrá-la para a compra há duas versões distintas, mas tampouco mudam o essencial: uma delas diz que Jaci, bom conversador, a cada ano que se findava encontrava um motivo para não passar as terras ao nome da tal sociedade agrícola; a segunda refere que, ao cabo desses dois anos, ele apresentou a meu pai uma escritura de transferência das terras à pessoa jurídica, lavradas em um cartório matogrossense, que ao fim se revelaram documentos falsos.

Tanto faz. Relevante é apenas que, como disse, enquanto eu completava um ano de idade, meu pai se descobria um homem à bancarrota. A miséria rondava nossa casa. Desse exato momento, a descoberta da traição pelo traído, retiro uma pergunta-chave: como meu pai agiu diante disso? Um homem que veio da guerra, que manejou fuzis (dizem que um fuzil nunca se abandona), de qual reação foi capaz, ao saber que seu sócio, alguém que se poderia encontrar, lhe roubara todos os bens? Resposta: omissão absoluta. Os motivos dessa passividade serão, isso sim, parte do crime que cometi. Fiquemos com a seguinte informação: meu pai não procurou Jaci nem a Justiça para queixar-se do golpe. Fato.

– II –
Mercedes

Minha irmã, três anos mais que eu. Lembro de tudo, absolutamente tudo dela. Dos cabelos levemente avermelhados, dos olhos verdes. De que íamos juntos à praça e ela não brincava com as meninas de sua idade para ficar comigo, brincar de bola, eu dificilmente fazia amigos, mas quem precisa de amizade maior que a da Mercedes? Nós íamos juntos à pré escolinha, e ela vinha ver meus desenhos e meus trabalhos, depois meu caderno de caligrafia. De noite, apertados no mesmo quarto falávamos sempre do medo do escuro e ela perguntava "Você não tem saudades do pai?", porque meu pai ficava meses longe, ainda. Eu respondia "Não muita", e Mercedes ralhava comigo, "Pois meu coração dói por não ver o pai cada noite, e não pense que a mãe não sente o mesmo". "Claro, eu respondia, coisas de menina". É que, depois de saber-se pobre por conta da desonestidade desse homem que eu vim a matar, meu pai seguiu no mesmo trabalho; depois eu fui informado de que foi o tal advogado, talvez com algum peso na consciência por sua falta de zelo, que sugeriu aos compradores da fazenda que concedessem a meu velho um emprego porque, ao fim das contas, passara anos explorando o local comprado, sabia negociar a paz ou travar a guerra. Ou seja, o advogado enfiou goela abaixo dos novos donos da fazenda o antigo plano sobre a exploração da área com plantio de grãos, e meu pai se manteve fazendo o de sempre, sob uma remuneração ridícula, e o gosto amargo de trabalhar de empregado na gleba que ele mesmo comprara. A verdade era que meu pai era útil naqueles anos porque a terra era tão grande que tinham de manter todo um aparato de vigilância contra invasão, em cada um de seus limites, como se fosse mesmo um exército de fronteiras. Se perguntassem a ele, escondia o caso e dizia que trabalhava com um plano de colonização e exploração "sem desmatamento" no Mato Grosso, o que para aqueles tempos era ininteligível, mas tampouco alguém pedia mais explicações. Como também não queriam explicações sobre sua formação, ele se intitulava engenheiro agrimensor com um diploma militar que não era reconhecido no país, mas creio que era a mentira do inocente: afirmar que falava línguas, conhecia o mundo, dominava as matemáticas mas não tinha diploma era algo que para ele talvez fosse vergonhoso, em um país de bacharéis de pouca erudição. Ou talvez ninguém perguntasse nada, porque neste mundo ninguém tem curiosidade pela vida dos que não mais têm dinheiro.

Em minha casa, quem reparasse bem notava um passado de alguma opulência que deve ter sido rápida, do intervalo entre ele casar-se, nascer Mercedes e eu completar um ano. Havia em casa pratarias, louças, sofás em couro e madeira de lei, enormes para o tamanho do nosso sobradinho de aluguel na vila metropolitana, mas estavam lá. Para minha infância, meu pai era um cara legal que se metia na selva durante meses e voltava com presentes que naquele tempo eu não valorizava mas que hoje são um tesouro: arcos, flechas, lanças das mais diversas, e até um colar de dentes de onça que um cacique lhe deu e que cheirava muito mal até que eu resolvi, com uma faca, limpar peça por peça, porque neles ainda havia

carne podre do pobre bicho abatido. Objetos que desapareceram, com o passar dos anos.
    Agora meu pai tem 69 anos e eu tenho dez. Sim, me teve com idade avançada. E minha irmã tosse tanto, está pálida como um fantasma, de cama. Ela é tão bonita mas seus lábios não têm cor e seu corpo exala um cheiro bastante estranho, que eu nunca havia sentido. Algo ácido, algo ágrio. Não sei dizer. Suave e ácido ao mesmo tempo, um odor que hoje infelizmente eu bem identifico. Minha mãe está ao telefone, discando, discando, com seus lamentos, Ela está muito mal, pra qual hospital vamos?, e adentra pela porta um casal de amigos de meus pais, dou-lhes um beijo e os sigo até o quarto de Mercedes, e não esqueço a cara do homem – tio Alexandre, eu assim o chamava – quando viu o rosto da minha irmã, tirou-lhe as cobertas e o cheiro ácido agravou muito, pegou-a nos braços, ela tinha os olhos fechados. Tio Alexandre, um homem justo, ainda com Mercedes nos braços me viu olhando a cena, e então colocou-a de volta na cama, Dê um beijo em sua irmã. Eu a abracei, aquele raro cheiro se impregnou em mim, mas estava mais doce, como um perfume de rosas que talvez seu corpo exalasse por si mesmo. Foram em busca de um hospital e não me deixaram acompanhá-los.
    Fiquei em casa aguardando a chegada do meu pai, vindo de taxi do aeroporto e, creio, já sabendo das más notícias. Só nesse dia, quando ele depositou as malas judiadas em cima de sua cama, e eu perguntei se estava tudo bem e ele disse que não. Seus olhos brilhavam como se parafinados, é como ficam os homens acostumados ao sofrimento, que não choram. Ele perguntou algo como se eu tinha noção do estado da minha irmã, afirmei que sim. Correu ao telefone, e foi a primeira vez que eu ouvi aquele maldito nome. Naquelas condições, um jovem de dez anos não esqueceria o diálogo, mesmo que faltassem informações para recheá-lo de sentido, por completo. Acreditem em mim, foi essa a fala:
    – Jaci, por favor. É Rodolfo. Por favor, me escute só um minuto.

—...
— Eu sei, é tarde. Não quero cobrar-te nada. E não te ligaria, se não fora urgente.
—...
—Entendo, mas ouça. É por minha filha, Mercedes. Não fosse por ela, eu não chamaria. Está no pronto-socorro do Estado, está largada em uma maca, eu acabo de chegar a casa e vou vê-la.
—...
— Sim, eu vou direto ao ponto. Preciso apenas de um cheque. Um cheque seu, e eu a transfiro a um hospital privado. Mercedes se salva e eu esqueço tudo, nunca mais te incomodo.
—...
— Claro, Jaci, nunca mais. Sim, eu entendo.
—...
— Mas eu não tenho ninguém mais. Se tivesse, recorreria a outra pessoa.
—...
— Em uma maca de hospital, só pode ser questão de vida ou morte.
—...
— Já entendi. Adeus, Jaci.

Das poucas vezes que tivemos um diálogo. Porque ele quase chorava, ainda com a mão no aparelho de telefone que repousava no gancho, e eu me aproximei. Ele deixou o telefone e me puxou pela mão até o sofá, eu vi suas pupilas parafinadas quando olhou bem nos meus olhos. Acho que era a primeira vez que o fazia: "Filho, só um milagre faz tua irmã atravessar estes dias se não sai já daquele hospital. Lástima, que eu não acredite em milagres. Acredito em responsabilidade, e sou responsável porque errei em algo no meu passado, que nos fez ficar pobres. Somos pobres porque confiei em alguém, depois de tanta experiência na vida, quando eu pensava já conhecer as pessoas. Tua irmã vai nos deixar, por-

II. MERCEDES

que pegou uma gripe forte nesta cidade de clima imprevisível, e a gripe virou pneumonia, que agora requer uma limpeza de pulmão, não entendi bem, que só um grande hospital faria. Mas naquela filial de inferno em que está metida não há quem a salve, e eu não tenho um amigo que me empreste algum dinheiro para tirá-la de lá. Espero que um dia você conheça toda essa história, porque agora serás único filho. A não ser que venha o tal milagre".

Eu não respondi. Apenas o segui enquanto se encaminhava ao quarto para mexer na bolsa da viagem, ainda não desfeita. Tirou de dentro sua carteira e comentou:

– Vou ao hospital e você fica aqui. Fique atento ao telefone, dê as informações a quem quer que chame. Isso talvez te obrigue a passar a noite acordado, mas não há outra solução. Você, hoje, é o homem da casa.

Falas como essa não saem da memória, e isso é parte do crime que cometi, acreditai. Passem os anos que passem, a morte de minha Mercedes está associada à resposta negativa desse tal Jaci. Ele seria o tal milagre, e o milagre não veio.

– III –
O Xingu, Eu e as Consequências

Tenho então quinze anos e levo uma vida normal de estudante de colégio de estado, sem mencionar em casa a morte da minha irmã, nem quando surpreendia minha mãe chorando perto da janela da minúscula cozinha, a morte dela é assunto veladamente proibido em nossa casa. Ou seja, era tão proibido que não se falou a respeito, sequer para proibir. O que importa dizer que eu nunca mais perguntei da tal história de um dia ele ter sido rico ou algo parecido, nem perguntei quem era o tal Jaci. Os pactos familiares de silêncio, ao menos foi assim que aprendi, superam qualquer curiosidade.

Com esses quinze anos de vida, vou pela primeira – única, realmente – vez com meu pai para o Xingu. A princípio ele apenas me respondera ao pedido que sempre havia feito de visitar a selva que me rendia tanta curiosidade, essas coisas de moleque, saber como o pai trabalha. Aqui minha memória falha em algo, e eu quisera ser bastante sincero aos fatos, mas não altero nunca o essencial. Sei que eram dias de Copa do Mundo, eu vesti uma camisa amarela da seleção e estava pronto. Saímos de São Paulo em um avião de carreira até a capital de Goiás e então entramos em um monomotor particular que pertencia à empresa, o qual meu pai chamava de "avioneta". Comandante Zamppetri (o piloto), meu pai e eu na tal avioneta que era pouco maior que um carro popular, carregando mochilas de viagem e um tubo de mapas, faríamos nossa parada numa cidade à beira de um rio gigante, fronteira entre Goiás e Mato Grosso. Descemos sob aquele sol forte e eu estava ao lado do piloto quando vi meu pai tentar se afastar com discrição para encontrar-se com dois homens que se aproximavam a pé pelo outro lado da pista de pouso, eu fiquei de longe enquanto via diminuir o espaço entre eles. Já dava pra notar que os homens tinham farda do Exército, tentei avançar até onde pude sem ser visto, consegui a sombra da única árvore dali, razoavelmente perto. O militar que vinha detrás carregava um carrinho de mão com algumas caixas, e encostou-o totalmente ao chão. A conversa entre os três, que não consegui escutar, foi muito rápida e eu fiquei orgulhoso porque eles largaram o carrinho ali mas antes de saírem se cumprimentaram com continência militar, lembro perfeitamente que eu reparava no Ray-Ban brilhante do primeiro fardado quando notei que ele descobria a cabeça para a saudação a meu pai. Naquele sol. Só depois voltou a por o chapéu cor-da-selva, bateu as botas e deu meia volta como se fora um subordinado. Interessante. Me apresentei de surpresa ao lado do meu velho, que já estava sozinho e me oferecia a empurrar o carrinho de mão, fiz força extrema pra tirar aquilo do lugar, O que tem aqui que pesa tanto?, Você verá o que é peso quando tivermos de subir essas coisas no avião.

Era mesmo tanto peso naquelas caixinhas que eu imaginei que o teco-teco não sairia do chão, mas não apenas saiu como ainda voou mil e quinhentos quilômetros sobre um tapete de floresta que ia ficando cada vez mais densa, cortada apenas por rios, algumas poucas áreas queimadas e uma ou outra pista de pouso clandestinas. De terra batida. Muito tempo, muito vôo, e cada vento mais forte era tão agressivo

III. O XINGU, EU E AS CONSEQUÊNCIAS

ao aviãozinho que o piloto tinha de se esforçar para reencontrar a rota. No fim, tudo bem.

Em uma dessas pistas clandestinas, ao lado de uma cidadela que não passava de algumas casas de madeira encravadas em um clarão da mata, pousamos e fomos recebidos por um caboclo moreno e de barba que estacionou na cabeceira da pista uma caminhonete avermelhada de tanta terra para nos transportar ao tal povoado. Eram vinte e nove casas de madeira, contando uma capela fechada e, claro, o bar. Entramos em uma dessas, que estava reservada para nós, e até que as instalações não eram mesmo ruins: por dentro a madeira das paredes era pintada com muita cal branca, até cheirava bem, e um gerador de energia garantiria, quando anoitecesse, uma lâmpada, fraquíssima, que se podia acender em cada um dos cômodos: dois quartos e uma sala. De fora, o banheiro e uma cozinha, que não usamos porque logo fomos chamados pelo mesmo caboclo, de nome Raimundo, para comer um almoço requentado (eram mais de quatro da tarde) porém delicioso em uma casa em frente: peixe, farinha e milho de primeiríssima qualidade, com direito a molho, servido por uma boliviana meio gordinha e simpática, que se apresentou como Soledad, a responsável por aquela cozinha. Voltamos, dormimos a siesta tardia e, quando já anoitecia, regressamos com lanternas até o avião e descarregamos as tais caixas, mas com ajuda de outros cinco homens. Quase não fiz força, portanto. Estranhei que dois desses homens estivessem já montando guarda ao lado do avião, um deles com uma espingarda às costas e um cinturão de couro, que lhe cruzava o peito (hoje tenho dúvida de que algo atado ao peito possa ser chamado de cinturão, mas àquele tempo isso não me preocupava em nada) que portava vários projéteis, ao estilo de guerreiro mexicano. Instigante, para um menino de cidade.

As caixas foram empilhadas no quarto em que dormimos meu pai e eu, voltamos na casa onde almoçamos para comer um bolo a título de jantar, só então percebi que aquilo era uma espécie de pensão improvisada para forasteiros, porque o piloto do avião me disse, Vou dormir aqui, aquela casa está perigosa. De fato, quando voltamos notei que os dois homens que vigiavam o avião agora montavam guarda separados, nos extremos da casa. Da nossa casa. Um deles até nos abriu a porta para entrarmos, como se fora um mordomo muito bronco. Tomei coragem e perguntei a meu pai se ali estava assim tão perigoso, porque tínhamos dois guarda-costas, mas no fundo eu estava achando muito divertido. "Espero que não tenha tanto perigo", ele disse, mas é bom descansar porque amanhã será um dia difícil. Você entenderá muita coisa. E meteu a mão debaixo da cama, de onde retirou uma sacola de lona verde-oliva, que eu jamais havia visto. Dali, um revólver prateado grande, envolto em um coldre marrom, coldre que suportava também algumas balas. Pegou uma estopa e se pôs a limpar o revólver já sob a luz fraca da lâmpada; habilidoso, os projéteis caíam na sua mão e voltavam ao tambor com a arma já limpa, como se obedecessem a um comando silencioso de seus próprios dedos, imantados. Girou o tambor, que fez barulho de roleta de filme de cassino, e logo o fechou para dentro da arma, que ocultou debaixo do travesseiro. Virou-se para mim, já esperando que eu estivesse de olhos cravados na cena e me retrucou, "Fique longe disso. Se ouvir algum barulho, me acorde".

Quando desperto pela manhã encontro meu pai já vestido de calça jeans (a primeira vez que eu o via com jeans na vida) velha e surrada, mas limpa; uma jaqueta bege de safári, e o tal revólver preso à cintura. Diz algo como "Eu já tomei café e devo voltar em alguns minutos, vá para a casa da Dona Soledad, que fez lá outros bolos, está tudo muito bom". No caminho noto que nossa casa não tem mais aqueles vigilantes mas o Raimundo me espera logo na porta, e sigo a andar já sentindo mesmo o cheiro de café na entrada da pensão, vejo o piloto saindo dali com cara muito séria, Rezem por nós!, ele disse enquanto vestia um boné azul. Enquanto eu tomo

III. O XINGU, EU E AS CONSEQUÊNCIAS

o tal café com bolo de milho escuto o barulho da partida do avião e logo o ruído do sobrevoo acima de nossas cabeças, eles fazem algo como um reconhecimento de área, e eu fico chateado porque com certeza meu pai está no avião e não me chamou para a aventura, justo quando tinha rasantes. Lástima. Raimundo se senta à minha frente para provar o café e fala, Olha, seu velho me deu ordem pra depois que você comer tudo aí, voltar pra casa, que a gente tem que esperar ele lá. Tem trabalho.

O trabalho era abrir aquelas caixas. Só Raimundo e eu sentamos no chão da sala e vamos rasgando o papelão com a faca, é munição de revólver e espingarda, mas muita. Projéteis grandes, que eu nunca tinha visto, Nosso trabalho é encher isto aqui!, e me conduz a outro quarto e abre um dos cinco guarda-roupas. Na parte de cima, havia vários revólveres cuidadosamente colocados lado a lado, e a parte de baixo era repleta de cinturões, empoeirados e com cheiro forte de couro meio apodrecido e óleo lubrificante, É um arsenal! eu disse e ele retruca, Você não viu nada ainda, rapaz. Agora ele abre os outros guarda-roupas, que continham mais escopetas e revólveres, e panos, e óleo, e ferramentas, aquela casa era um armazém que poderia armar um batalhão, mas agora pouco me importa porque tem trabalho, esticamos os cinturões e vamos completando-os com as munições novinhas, Isso aqui mata um elefante!, ele resmunga enquanto coloca também uma a uma as balas no cinturão, e de repente se cala e indica com o dedo em frente à boca para que eu nem pense em conversar, logo esse dedo vai ao seu ouvido sinalizando que eu escute os sons, alguns estampidos, que entram pela janela. E logo solta uma gargalhada mostrando ao menos três dentes de ouro, ri enquanto balança a cabeça.

– Rapaz, seu pai não é muito bom da cuca, não. Doido.

– Aqui parece que ninguém é – retruquei, mas logo me arrependi. Precisava do Raimundo pra me dar informação, sorte que ele já estava com a língua solta.

— Mas a gente aqui não vale nada. Ninguém tem nada a perder. Doutor Rodolfo, não, é homem estudado, de cidade. Não tem que viver fugindo.

— Você vive fugindo?

— Todo mundo nesta vila. Se não, ninguém se metia tanto com estes demônios, né? Pólvora é do cão.

— E da onde vêm esses tiros? Meu pai que está disparando?

— Não. É que você não sabe nada de o que está acontecendo. Seu pai quer que eu te conte, mas não sou muito bom assim de palavrório.

Ele era rude mesmo, mas eu podia ajudar, Onde ele foi com o avião?

— Foi dar aviso. Ordem dele, que a gente não discute, mas nossa ideia é outra. Atacar de repentino, no jeito deles. Surdina. Da última vez faz dois anos. Mandamos o Jeringa pra dar alerta, um dos nossos melhores, de mão pra cima, e pano branco e tudo. Homem de paz pra dar mensagem de guerra. Voltou? Nada, deixaram a carcaça dele no meio da picada, cravejada de bala, estocada no pau. Eu que encontrei, a carcaça de pé e podre.

— E agora foi meu pai dar esse aviso?

— De avião. Ele voa por ali e os malditos já sabem o que significa, e daí disparam pra mostrar reação. Mas as armas deles derrubam, viu? Se ouvir um estouro forte. O avião pum! Arrebentou nas árvores.

Mentira se eu dissesse que senti medo. Ficava era orgulhoso de ver o velho naquela forma, dando rasante no meio dos tiros para avisar que haveria um ataque. Muito ainda eu não compreendia de o que ocorria ali, mas não sobrava tempo para outras perguntas. Ouvi o avião pousar perto e em pouco entrevi meu pai a adentrar à sala, acompanhado de outros três homens e carregando seu tubo de mapas. Me viu sentado no chão do quarto com um cinturão no colo e muita munição na frente, mas quando cruzamos olhares ele fingiu ignorar meu ofício. Ou o achava natural, não sei.

III. O XINGU, EU E AS CONSEQUÊNCIAS

Estendeu os tais mapas sobre a mesa da sala e novamente simulou não notar que eu abandonara meu posto de armeiro para poder levantar-me e acompanhar o discurso que ele faria, ilustrado pela cartografia. Com uma lapiseira verde escura, quase como aqueles generais de filme da Segunda Guerra, marcou o ponto inimigo.

"Não estou colocando minha estratégia em discussão. Quero só que vocês entendam. Recuso-me a atacar de surpresa, porque ali pode haver famílias vivendo. Como aqui. Agora os posseiros se ocupam com uma casa em chamas, mas, pelo que se pode ver, estão bem armados. Nós vamos em maior número e eles farejam isso, já são experientes. Por conta do nosso alerta, as mulheres e crianças devem sair de lá no próximo nascer do sol. E tenho a esperança de que os homens também. É provável que não encontremos resistência, mas também é provável que eles tenham reforços. Por isso, não há opção: amanhã avançamos pelo rio e vamos até nossa frente. Esteja tudo arrumado, de contrário teremos ainda mais trabalho. É importante que as trincheiras estejam fundas e limpas, e que os sacos de terra estejam levantados, prensados e firmes. Se não, em um ataque eles acabam conosco. É bem aqui o nosso acampamento, não? (E marcava com a lapiseira um ponto específico). Pois ali estenderemos ao menos duas tendas de campanha mais, porque precisamos estar todos confortáveis. Se eles vierem, encontrarão resistência brava e ninguém de nós se fere, se estiver atento. Isso, repito, se eles tentarem atacar. Um dia para organizar as trincheiras, outro pra observar e vigiar, e o último para ocupar. Lá nos dividiremos em duas equipes, para atacar pelos lados. Se for necessário. Podem rir de mim, mas eu tenho esperança de que vamos encontrar o marco de posse totalmente deserto. Sem ninguém, entendem? E que Deus cuide de todos nós."

Pensei que iria eu participar de uma batalha campal e já me via com uma escopeta em mãos. Mas nada disso ocorreu. Contei vinte homens que saíram no dia seguinte com espingardas às costas, e cinturões cheios de munição que eu passara a manhã arrumando. Era uma verdadeira expedição: dois homens traziam apoiados nos ombros um tronco fino em que se amarravam sacos de mantimentos, eles eram os cozinheiros, os únicos sem espingarda, mas com cinturões e revólver. Duas mulas, uma maior e outra pequenina, iam carregadas de mantimentos e panos, talvez tendas de campanha. Foi em vão o escândalo que armei para acompanhar os tais expedicionários, o único que consegui foi ganhar uma bronca:

– Você fica na Dona Soledad. Com o comandante Zamppetri, até eu voltar. Não há risco nenhum de que exista aqui na vila qualquer ataque, eu lhe garanto. A não ser que lá nos passe algo errado. Então temos dois guardas na mata, com ordem de recuar caso não saiamos vencedores. Nessa hipótese, minha ordem é clara: você e o Comandante correm para a avioneta e decolam imediatamente, em direção a Goiás. E não cogitem voltar atrás.

Diante de meu olhar, que devia ser de desgosto e enfrentamento, meu pai bateu forte as botas no solo e levou a mão revólver: «Não é um pedido de pai para filho, é uma ordem de comando. Não sejas criança e percebe que vieste para a guerra». Fiquei outra vez todo orgulhoso. O homem do acampamento. Com passos firmes, dirigi-me até Raimundo, que assumia posição de destaque na tropa, Seja bravo, Raimundo!, ele se curvou para me abraçar de lado, Estamos todos juntos!, ele disse apertando meu ombro, e exalou um odor ácido que me fez lembrar Mercedes. Estranho.

Os dias que se seguiram foram tensos. Tristes e tensos, melhor dito. Zamppetri passava as horas em um rádio amador (um trambolho gigantesco) de uma das casas, e eu lembro bem que fui perguntar a ele se conseguia saber como tinha sido o jogo do Brasil, a Copa de que eu estava há tempos sem notícias. Ele disse que a seleção tinha sido eliminada, Nos pênaltis? Ele nada respondia, tinha dito só que fez a pergunta que eu mandara e disseram isso, o Brasil tinha sido eliminado. Como quase todos os homens da cidade estavam, por assim dizer, na expedição demarcadora, não havia outras fontes de informação, mas ele podia-me garantir: tinha sido eliminado. Algum outro detalhe? Eu buscava qualquer informação que pudesse atestar veracidade.

– O Brasil está fora da Copa do Mundo – disseram isso. E algo mais, o que era?. – Ah, sim, que estavam guardando bandeiras.

– Bandeiras?

– É, deve ser. Essas que eles põem nas janelas. Pro jogo.

Escutei isso e então sim senti meu estômago embrulhando, a garganta inchando como se fosse explodir e quando isso ocorria era sinal claro de que eu estava pra cair em um choro longo, já me conhecia o suficiente. Agora sim estava convencido da verdade, a frase de guardar as bandeiras não era simples como um "perdeu nos pênaltis", não creio que suspeitara antes que estivesse mentindo, porém faltavam detalhes e já não havia dúvida, minha garganta inchava por dentro, saí pelos fundos da pensão da dona Soledad correndo pra entrar no começo do capão que havia atrás, como um quintal feito de selva semi desmatada para permitir que seus periquitos tivessem um *playground*, encostei na última árvore que me permitia caminhar sem ficar entalado em outras folhas, e fiquei ali um bom tempo, pra dizer assim um chavão, escondido de mim mesmo e chorando demais, até que alguém tocou meu ombro.

– Não se preocupe tanto com futebol.

De novo, Zamppetri. Fiquei ofendido porque ele parecia depreciar minha condição.

– É fácil falar.

– Não, não é isso. É que temos problemas piores pra ocupar a cabeça -e fez alguma introdução que não lembro, antes de explicar o que eu tinha de saber – Nascendo o sol, César, fui ao mirante. É uma árvore grande e alta e firme que eles limpam com serra e facão pra que fique um tronco firme, e

do cume amarram uma escada feita em corda e madeira, nada mais. Vira um ponto de observação acima da floresta.
– E não me chamou?
– Você estava dormindo. Do mirante, eu vi que havia fogo na mata.
– Um incêndio?
– É, mas esta mata não pega fogo naturalmente, sequer nestes tempos de seca. Teu pai está em perigo.
– Tem certeza?
– Como tenho de que o Brasil está fora da Copa. – e essa foi uma comparação que eu não merecia, mas ele não foi mal-intencionado. – É um fogo grande. Uma das formas mais comuns de guerrilha na mata é esperar o inimigo acampar em um lugar e prender fogo em volta. A natureza cuida de fazer o resto, se não chove. Muito querosene e um palito de fósforo. É fatal.
– Então devemos pegar o avião e ir até lá.
– Sem pista de pouso? O avião só serve para salvar a nossa pele. A tua e a minha. Você já quer fugir?

Para os senhores, advogados, eu devo aclarar: fuga, já desde então, para mim é sempre hipótese não cogitada.

Encurto agora a história. A tal expedição regressou passados cinco dias. Todos estavam muito mais magros, com barba grande, roupas e pele rasgadas. Todos, inclusive meu pai. De três deles voltaram apenas os corpos, dois enrolados em panos grossos e esticados nas mesmas varas que antes levavam comida. O outro vinha atado pelos pés e arrastado pela mula pequenina. A mula grande não regressara. Fui correndo ver o corpo atado, que não estava sequer coberto, e reconheci o rosto cadavérico e ao mesmo tempo fermentado de Raimundo, a boca aberta já sem os dentes de ouro. Fiquei com pena dele, até ouvir o relato que meu pai proferiu, após reunir o grupo de curiosos ouvintes: Soledad, Zamppetri, uma mulher que eu não conhecia e eu. Sentou-se em uma cadeira velha de plástico que ficava sob uma árvore gigantesca (lá só há árvores gigantescas), descalçou as botas e pôs os pés sobre elas, evitando encostá-los na terra.

Nos contou que a tal aldeia que eles ocupariam estava aparentemente abandonada. Só aparentemente. Raimundo, com sua posição de guia nas sendas internas da mata, desviou a todos para uma saída por outro caminho, alternativo, quando o fogo começou, ao redor do local para onde o caboclo os havia atraído. Ao notar o fogo, Raimundo já havia desaparecido, por assim dizer, cruzando para o fronte inimigo. Se não fossem todos ali tão experientes, teriam sucumbido, mas, como depois me disse um deles, Deus e seus rifles os haviam salvo. Regressaram ao rumo da missão e, na entrada da aldeia a ser invadida, caíram ainda na tocaia de dois vigias, que descarregaram revólveres em direção aos sobreviventes do incêndio. Ali tombaram dois dos mais incautos (ou mais valentes?), e os demais seguiram adiante, fazendo cargo de ambos os vigias. Com a reação, os posseiros se deram conta de que o grupo havia superado a emboscada de incêndio e rapidamente negociaram a rendição. O primeiro a se entregar foi Raimundo, covarde, com as mãos para o alto e pedindo perdão.

Ouvindo o relato, Soledad interrompeu para indagar: "le ajusticiaron"?

– *No hubo más remedio*, respondeu meu velho. Há momentos em que é impossível deixar de cumprir as leis.

Dois dias depois, pedi eu mesmo para cavar a cova rasa em que despejamos o corpo já todo decomposto. Aproveitei que meu velho não estava por ali, para pedir para atuar no tal enterro, mas hoje tenho enormes dúvidas de que ele, o velho, não controlasse tudo de longe. A terra era muito mais dura de o que parecia e eu precisei de ajuda, mas fiz questão de puxar o corpo de Raimundo pela corda que ainda atava seus pés e alojá-lo naquele buraco raso. Fiz uma força tremenda e precisei de ajuda, mas agi. Tampouco esqueço, e daí algo de minha suspeita, que esse homem que me auxiliava fizera questão de levantar o cadáver pelos cabelos apodrecidos e checar que o buraco de bala lhe entrava justo pela nuca. Execução mesmo, mas a rotina seguia: tomei um banho em um dos tantos riachos dali, comi o último café com bolo de milho da dona Soledad e fui ao avião, porque já era hora. Com a hélice fazendo um barulho grande, tirei da mala minha camiseta-canarinho e a entreguei ao homem que me exibira a nuca de Raimundo, Como recuerdo!, e ele ficou todo feliz. A verdade é que eu nunca mais me interessaria por futebol. Me interessaria, isso sim, por descobrir o sentido da palavra "ajusticiar", ou "ajustiçar", mas ela não estaria no dicionário de casa. Já não era simpático aos dicionários, quando descobri que eles são esburacados como queijo suíço. Ou como o corpo de um traidor.

Também foi a última vez que via desde o céu a mata fechada do Xingu, lembro bem, enquanto sentia a mão do meu pai em meu ombro, sem nada dizer mas aparentemente orgulhoso de mim. Agora sim, eu estava habilitado a ser oficialmente o homem da casa. Viesse o que viesse.

- IV -
Outras Perdas

Passaram-se dois anos em que quase tudo corria absolutamente igual. A diferença é que, como meu pai ainda era um assalariado (o que eu já conseguia achar injusto porque tinha sentido bem que seu trabalho não era um emprego qualquer) e a inflação galopava a extremos, nosso poder aquisitivo baixara ainda mais. Deixamos a casa de vila e fomos a um semi-cortiço, de onde até seríamos despejados se um vizinho, amigado com uma advogada, não conseguisse na justiça um congelamento no preço do aluguel, mas já quase nos faltava para comer. Já quase nos faltava para comer e eu me recusava a trabalhar porque com livros emprestados seguia estudando horas a fio para tentar passar no vestibular e cursar em alguma universidade pública minhas amadas ciências matemáticas. Ficava sozinho no quarto tentando compensar com minha leitura a ausência das aulas dos grandes cursinhos que, claro, eu não podia frequentar. Pois foi assim que eu estudava muito e quase não dei atenção ao velho quando ele entrou no meu quartinho que parecia uma estufa porque não tinha ventilação (e aquelas lâmpadas de então esquentavam tanto), disse, Amanhã volto pro mato pra cumprir minha última missão. Fechou a porta da minha estufa e só quando terminei o exercício me dei conta de que ele queria-me falar algo, fui pra sala onde ele assistia ao Jornal Nacional em volume insuportável porque já era bem surdo e falei alto, Gostaria de voltar alguma vez pra lá, mas meu vestibular é na próxima semana.

– Não tem problema, filho. Eu só vim-te dizer que vai ser a última vez que vou pro mato, porque estou muito velho. Meu corpo já não suporta mais, são muitos anos. E seus olhos pareciam outra vez recobertos por aquela película de parafina que os fazia brilhar.

Certifiquei de que minha mãe, que estava na cozinha, não nos ouviria e só então sentei no sofá a seu lado.

– Vai haver outra batalha?
– Espero que não. Digo, como da outra vez.

Dei-lhe um abraço lateral, passando meu braço direito por detrás dos seus ombros, o máximo que nossa intimidade permitia:

– Eu passo na prova e ano que vem já vou trabalhar. E o senhor poderá descansar. Só falta um mês.

Ele sorriu, esperançoso.

– Isso me alegra. Meu corpo dói e meus reflexos já foram. Se tenho que entrar numa luta, não sei mais. Terá de ser a última vez e eu não queria que as coisas fossem assim. Queria poder ficar aqui te contando minha vivência, os tempos de guerra, você talvez precise saber. Talvez necessitássemos conversar mais. Um dia, eu lhe disse que fui culpado pela nossa ruína. Pode ser verdade. Mas também é verdade que nem tudo dependeu de mim nessa vida.

Foi mais uma referência a seu passado, que eu deveria ter aproveitado melhor, porque me pouparia muito esforço futuro, porém minha cabeça estava nos exercícios da apostila.

Meu pai foi ao mato, eu prestei meu vestibular e fui bem. Foram longos os dias à espera do resultado da prova. Poucas horas depois que meu vizinho, Marquito, bateu em casa feliz

IV. OUTRAS PERDAS

pra me avisar que tinha visto, na lista pregada no muro da Escola, meu nome como aprovado (a-pro-va-do) para ingresso na Universidade, recebi a notícia de que meu pai estava morto porque seu avião caíra. A avioneta. Nem eu nem minha mãe vimos jamais seus restos mortais, a empresa disse só que o avião sumiu e tal, mas sinceramente eu não duvido nada que seu corpo possa ter sido encontrado sem condições mínimas de apresentação, queimado ou, sem exagero, escalpelado, porque ali a lei era assim. Uns dólares e um pedaço de terra e estaria armado um motim esperando a chegada do velho. Repassei o rosto de cada um dos que conheci naquela selva e me enchi de raiva sem a menor informação suficiente: se descobrisse quem haviam agido, os "ajusticiava", como disse de modo tão sonante a dona Soledad. Jamais a empresa nos deu mais notícias: nada do avião? E o piloto? Chegou-nos sim um envelope com algum dinheiro e um cartão de advogado, Doutor Carlos, que escreveu apenas que estaria disposto a falar comigo quando quisesse. Liguei para ele e perguntei se havia alguma esperança de receber mais dinheiro da empresa e, como ele afirmou que o assunto não era monetário, agradeci e desliguei. Devo ter pensado que não queria perder meu tempo com nostalgia.

De resto foi como planejado, no ano seguinte eu fazia meu sonhado curso de Matemática na Universidade Pública de noite e pela manhã e pela tarde dava aula em cursinhos para vestibular, que então pagavam bastante bem. E a partir daí meu salário só aumentou. Demorou quase quatro anos para eu notar que minha mãe passava o dia todo em nosso apartamento, que agora era no centro da cidade, lembrando da figura do marido e da filha morta tão cedo, enquanto eu me desgastava em números e nos espetáculos que são aquelas aulas de cursinho, que me fizeram criar no palco um personagem divertido, que não era eu. Com a rescisão do meu contrato com a tal escola-espetáculo comprei um apartamento para minha mãe na capital de seu Estado natal, onde ficava toda a família dela. As irmãs, digo. Comprei essa casa a centenas de quilômetros de São Paulo, a princípio sem que ela soubesse de nada. Depois contei que eu tirara meu diploma e, mais, tinha sido convidado para um doutorado nos Estados Unidos, mas que já teria um salário e as coisas estavam em constante câmbio.

Estavam mesmo.

Em Nova Iorque pouco sabia da família, ia à cidade de minha mãe a cada dois anos. No doutorado um projeto para um Banco Americano, uns cálculos que me consumiram seis anos, mas no fim deu tudo certo. Dois anos trabalhando em banco, com gel nos cabelos e uma sala tão grande em que se podia fazer *jogging*, depois uma empresa de cigarros que precisava arrumar suas contas porque a população estava deixando de fumar, e logo cinco anos de cálculos para uma empresa que, justo ao contrário, fazia cosméticos masculinos que subiam de vendas ano a ano. Criei minha estratégia para meus bons contratos de trabalho: me dizia dono de uma técnica, totalmente inovadora, de calcular todos os movimentos da empresa com apenas uma enorme equação, que eu deveria criar a partir de sua realidade específica. As pessoas acreditavam e me pagavam caro por isso, para que eu desenvolvesse a tal equação. Os cálculos eram sempre os mesmos, mas se eu soltasse a fórmula ninguém precisaria de mim, era fazer uma aura de mistério e encher planilhas com números detalhadíssimos que dão trabalho imenso, mas eu não podia pedir a ajuda de ninguém porque descobririam minha farsa. Minha farsa, não, minha filosofia: a matemática tem sentimentos e só quem sabe entendê-los a domina. Mas essa parte da minha vida realmente não conta aqui. São anos em que eu só envelheci e engordei. Interessa que novamente eu pedi minha saída da empresa de cosméticos para voltar à cidade de minha mãe, para cuidar dela. Detectara um câncer e por conta disso já freqüentava os hospitais. Pediram para que eu pudesse seguir meus cálculos no Brasil, mas respondi necessitar descanso, tudo estava encaminhado. Se interessa dizer, o que eu queria era ficar livre para negociar novos contratos, depois que cumprisse a via crucis com minha mãe.

Agora eu tinha dinheiro bastante para injetar periodicamente na veia da pobre senhora aquele veneno inútil a que chamam quimioterapia, mas ela achava que estava se curando com isso, e assim a equação se equilibra. O melhor que pude fazer foi ajeitar um quarto de enfermo para ela, conseguir uma cadeira de rodas e dar um passeio no *shopping Center* chique da cidade, comprar-lhe uma caríssima bolsa inglesa, um lenço de cabeça francês e um relógio suíço, para que ela se sentisse na clínica como uma senhora elegante que vai às tardes ao salão de beleza, falar com as amigas e cuidar dos cabelos que a quimio lhe atirava ao solo. Daí uns meses de rotina no tal apartamento, eu morrendo de calor e ela morrendo de o que tinha que morrer, da doença ou da cura. Hoje penso que foi gratificante ter tempo para conviver com ela durante aqueles oito meses em que eu a vi definhar, perder os movimentos, o raciocínio e a vontade de viver. Conversamos suficientemente nas poltronas da clínica em que ela se envenenava, ou na sala do nosso apartamento, ou ao lado da sua cama, onde ficou paralisada três meses, com a bolsa pendurada em um mancebo, Porque o dia que melhorar quero dar outra volta com ela no shopping, Claro, mãe, no dia em que a senhora melhorar! Pobre. Deitada, ela relatava histórias da sua infância na roça, como havia conhecido meu pai, a mudança para São Paulo, mas permanecia fiel ao nosso acordo porque jamais mencionou o nome de minha irmã. E do meu pai falava mesmo só aquelas coisas de passado distante, e dizia "vítima de tamanha injustiça", "vítima um maldito sem nenhum caráter", "o quanto ele sofreu com a gente deste país", e outros contos dele sobre a guerra, sobre a acolhida da resistência nazista. Mas era estranho. Porque pra ela eu não tinha coragem de perguntar nada sobre o que realmente deveria importar, nosso salto à pobreza, muito menos saber se ela tinha algo a ver com o tal Jaci, a quem meu pai recorrera quando Mercedes precisava da limpeza no pulmão. Sentia-me impotente, mas não só: os pactos de silêncio devem ser cumpridos.

Um dia desses minha mãe estava toda dopada de analgésico e eu acabara de dispensar a cuidadora quando recebi um contato bastante inesperado. Era meu padrinho, que eu havia visto pela última vez, creio, nos meus oito anos de idade. Dizia que havia encontrado uma irmã de minha mãe na ante-sala do oftalmologista, lamentou que a perda do nosso contato, mas pediu para me ver. Sua voz parecia bastante animada, ele sugeriu um restaurante e eu bem entendi que ele não queria fazer a visita semi-fúnebre que seria aparecer em minha casa naquelas condições. Melhor assim.

Meu padrinho estava só no restaurante. Então faltava minha madrinha, morte ou divórcio? Não era momento de questionar, apenas dei-lhe um forte abraço e senti seus músculos rígidos, extrema saúde para quem devia contar com setenta ou setenta e cinco anos. Tomei do vinho que ele selecionara, precioso, enquanto escutava:

– Voltamos ao Brasil faz cinco anos, mas eu não soube de vocês. Semana passada estava no médico e sua tia chamou por meu nome e eu não a reconhecia, sou péssimo pra rostos. Bom, ela já me contou tudo. Das mortes, do estado de saúde de sua mãe, eu lamento muito. Sua mãe eu vi pouquíssimas vezes na vida, na verdade, porque eu era companheiro inseparável de seu pai na vida de solteiro, mas foi casarmos e já... cada um pra um lado. À exceção do seu batizado.

– Pois é.

Falamos amenidades familiares que pouco acrescentam ao que preciso contar aos senhores, doutores, mas daqui em diante o diálogo é essencial para a apurada análise que vos pedirei. Disse o padrinho:

– No fim das contas, gosto muito desta cidade.

IV. OUTRAS PERDAS

– Eu não – respondi.
– Compramos duas casas vizinhas aqui em um bairro bom, que valorizou. Tranquilo o lugar, já não estou para agitação. A lástima é que só tem uma padaria boa no bairro, e lá todo o fim de tarde está o Jaci. Atrapalha meu pão. Velho, o maldito.
– Que Jaci? Quem é esse?, questionei, com a cabeça cheia de bom vinho.
– Como, quem é Jaci? O Jaci, do teu pai.
– Não sabia que meu pai tinha um Jaci. O que é um Jaci? – meio bêbado eu simulava ignorância, mas a verdade é que o maldito nome retumbava no meu cérebro. De outro lado, eu também tinha vergonha de não ter muito mais que intuição sobre o que significaria esse homem em nossas vidas, então talvez também fosse um modo de fazer meu padrinho falar. Eu já tinha muita experiência em negociação.
Ele se colocou nervosíssimo, Seu pai tinha dessas coisas, nunca te falou da história do maldito que roubou todas as suas terras, que o deixou na miséria com um golpe, que tirou dele tudo o que conseguiu acumular em uma vida? Teu pai passa a vida toda desviando de tiros, e delatando nazistas, e enfrentando ditaduras, e fronteiras, e febres e onças, pra entregar todos os bens acumulados na vida pra um caboclo malandro, e ele não te conta essa história?
– Contou. Não. Contou mais ou menos. Só não lembrava que se chamava Jaci. E que estava vivo, isso eu ignorava.
Olhei bem para meu padrinho enquanto meus pensamentos formulavam. Para algumas coisas eu raciocino devagar. Quando passei a imaginar esse homem como um corpo físico, palpável, vagante em uma padaria, minha curiosidade foi aumentando e pela primeira vez eu tentei ser agradável para que alguém tocasse no assunto, Padrinho, eu queria muito saber essa história em minúcias, e essa frase se pronunciou assim quase sozinha.
Então ele bebeu mais e falou toda aquela biografia que eu já relatei. Faltaram alguns dados que eu fui buscar em um

café no centro de São Paulo com Doutor Carlos, que ainda virá aqui acrescentar outros sórdidos detalhes a esta parte de minha vida. Enquanto falava meu padrinho, eu pensava apenas na possibilidade do encontro:
— Numa padaria, é? Esse homem, numa padaria?
— Todas as tardes. Bermuda, sandálias, como se não devesse nada a ninguém, como se não devesse a própria alma ao diabo. Fingimos um ao outro que não nos conhecemos. Mas então sabemos que somos vizinhos de bairro, tremendo azar. Ver aquele homem me corta o apetite, se houvesse no bairro outra padaria...

Contou-me detalhes dos momentos de aflição do meu velho, que ligou pra ele pouco depois de meu batismo, dizendo que tudo estava perdido, Um homem tão calmo, seu pai, mas tão calmo, que parecia que eu falava com um padre, e levou um golpe desses. Um direto de direita no fígado.

Ele pediu sobremesa, Tome um café. Parecia que não queria acabar o momento, porque talvez não nos víssemos mais em toda a vida. Era um fato, o afastamento. Aceitei o café, que não cortou o efeito do vinho, mas ainda assim gosto dessa interação química. Ele pediu a conta.
— Estranho — eu falei por impulso, coisas do álcool.
— Quê?
— Meu pai, apesar de tão calmo. Era um homem da guerra. De valores, eu digo — e falava com a imagem do corpo de Raimundo chegando arrastado pela mula.
— Não tenha dúvida. Bom que você o tenha tão claro.

Segui:
— Pois então. Ele nunca tomou uma atitude contra esse sujeito? Uma vez o vi ao telefone com ele, meu pai parecia tão submisso.
— Ele era calmo, já dissemos.
— São coisas diferentes, retruquei. Por que não acertou essas contas? Por que não foi em busca de sua própria justiça?
— e na minha cabeça as palavras de Soledad, que eu buscava

preencher de sentido, alguém "ajustiçado", tem momentos em que a justiça parece tão evidente como o resultado de uma prova dos nove.

Meu padrinho sorriu, como um capitão de caravela que avista a terra:

– Ah, agora você chegou ao ponto. Pergunte-se assim: "Por que seu pai não acertou as contas com Jaci"? Pois isso é o que você, sozinho, tem que descobrir. Você, sozinho – falou pausadamente, enquanto assinava a nota do cartão de crédito, que o garçom trouxera.

– Eu?

E levantou-se:

– Nós, na Hungria, temos costumes a serem respeitados. Eles estão nos genes, talvez, mas a ti cabe interpretá-los, porque eles respondem certeiramente a essas dúvidas. Os costumes. Apenas não demore, porque o Jaci já tem muitos anos, e, claro, ele é peça essencial nisso tudo.

Covardia. Dizer a um matemático que tem de descobrir algo é como dizer ao toureiro que há um touro bravo que ele não pode enfrentar. Falar ainda algo tão confuso como ter "costumes"nos "genes", algo tão social inscrito em algo tão biológico, entender aquela situação parecia ser como desvendar a humanidade mesma. Despedi do meu padrinho, saí do restaurante e fiquei vagando a pé pela cidade, de chapéu e camisa de linho sob aquele calor insuportável, enquanto o vinho ainda fazia efeito. Eu me considerava um homem de negócios já, uma pessoa que direcionava reuniões à exatidão subjetiva dos meus números, e ainda assim aquele padrinho tinha, em pouco mais de uma hora, me encarregado de uma missão profunda, que eu a princípio me desse conta do motivo do seu chamado. Trouxa. Fazia trinta e cinco anos exatos que eu não o via, calculei. Ele não me encontrara assim por acaso.

– V –
A Padaria e o Coágulo

Não era bem uma padaria, era um empório metido a fino, de bairro novo. Verdade, vendia pão. O homem entrou vestido de sandálias, exatamente como na descrição do meu padrinho, só que em vez de bermuda branca, era bege escuro, a camisa colorida também coincidia, pele morena de um homem de seus setenta e poucos anos de idade, porém vital, com boa postura. O balconista lhe deu um saco de papel com bengalas de pão refinado. Aproximei-me e fingi reconhecê-lo ao lado do balcão, Mas o senhor não é o Jaci?, ele sorriu:

– Eu mesmo, mas não estou lembrando de você, essa minha cabeça...

– O senhor não me conhece. Mas conheceu meu pai.

– Seu pai...

Quando lhe disse o nome, deixou os pães caírem ao chão, mas o espanto era simulado. Tentou me abraçar, Não me queira mal, eu sou um velho doente, eu perdi tudo. Se você soubesse... E choramingou, Tenho uma bolha no cérebro que me matará a qualquer instante!

Assim, malandros lamentam-se. Eu não queria conversa, apenas um reconhecimento.

– Eu não quero conversa com o senhor. Apenas um reconhecimento.
– Mas por que vieste até aqui? Por favor, perdoe este velho doente.
– Não se preocupe, respondi apenas por obrigação. Nós voltaremos a nos ver. Antes de sua bolha no cérebro explodir.
Deixei o empório, depois de pegar uma lata de cerveja. Jaci ainda estava lá dentro. Do empório.

Hoje, passados quase três anos desse encontro, não sei exatamente o motivo por que prometi àquele infeliz que nos veríamos outra vez. Não identifico a que eu estava decidido naquele instante, mas o fato é que a promessa estava feita. E muito mais ainda viria.

– VI –
Vinho

Cheguei a casa com mais cerveja transitando pelo cérebro – eu que não era de bebida – enquanto o sol baixava e deixava o céu em um curioso tom lilás, cor de sacrifício. Busquei minha mãe e nosso diálogo se resumiu a sua voz ínfima afirmar que estava tudo bem, porém se cansara, que queria dormir. Dispensamos sua cuidadora da velada da cama, podia ir a seu quarto que eu estaria ali atento, mas na verdade pedi muita cerveja no disk-entrega e fiquei apenas pensando que no dia seguinte queria saber todos os detalhes do passado da família. Ouvi a voz de minha mãe, que deve haver feito um enorme esforço para conseguir chamar-me ao quarto só para pedir um abraço, Dá um abraço, meu filho, eu estou tendo sonhos, sonhos tão estranhos, tão reais, você se lembra da mangueira, que sua tia escalava, no quintal? Nem quintal, nem mangueira, calei. Eu a abracei e senti aquele mesmo cheiro ácido e adocicado. Não havia dúvida, ela estava de partida. Me apressei para falar claro no seu ouvido, Tchau, mãe, muito obrigado! Teu quintal te aguarda, as mangueiras ou o que seja, mas teu filho cumprirá as obrigações por aqui! Tampouco sei por que disse isso, mas disse. Quando a soltei, seus olhos abertos já não tinham expressão, liguei para a ambulância e calmamente chamei a cuidadora no quarto. Sentei no sofá e ouvi seu grito de horror. Nada adequado, para uma profissional.

A tal da ambulância não tardou, mas ainda assim sua função foi de retirada de um corpo, desci para recepcioná-la enquanto chegou a moto do disk-pizza, Ah, minha cerveja. E agora algo mais que preciso narrar. Entrei em casa para entregar o corpo e preparar os trâmites da funerária. Fui direto buscar os documentos da falecida, dentro de sua tal bolsa inglesa, que não voltou a passear no shopping. A bolsa exalou um cheiro de perfume e náilon intacto, mas dentro dela havia algo mais sem odor a novo, algo além de carteira, batom, maquiagem, espelho e cartões de seguro-saúde. Havia um envelope de carta, amarelado pelo tempo, dobrado ao meio.

O envelope estava fechado. Lacrado, e foi fácil descobrir por que era uma carta devolvida pelo destinatário. Enviava-a meu pai, e estava endereçada ao Jaci. Sobre o nome deste, um carimbo "Ao Remetente" e atrás, tangenciando o nome do meu pai, outro carimbo de "Motivo da Devolução", em que uma cruz a caneta marcava a opção: recusada pelo destinatário. Recusada. O vagabundo viu o nome do meu pai e sequer se deu ao trabalho de abrir. Claro que aquele envelope traria muitos mistérios: por que minha mãe a guardara tantos anos? Por que não abrira? Por que era o único objeto tão estranho dentro de sua bolsa, tão nova? Eu gosto das charadas, mas essas não eram assim tão difíceis de responder, ao menos por hipóteses com grandes probabilidades de se confirmarem: meu pai, em um passado distante, enviara a carta a Jaci, e minha mãe certamente sabia o que havia nela. A mulher recebeu pelo correio a devolução e talvez tenha querido preservar meu velho pai da humilhação de não ter a missiva sequer lida. Assim a guardara na bolsa inglesa porque na verdade não tinha tanta esperança de vida como aparentava, e se dera conta que era por ali, por sua bolsa nova, que me entregaria

VI. VINHO

os primeiros objetos no momento de sua morte. Não abri o envelope, mas observei a data da devolução: dois de janeiro. Do ano em que eu fizera dezessete anos, minha irmã estava morta há muito e já seria tempo de que meu pai houvesse esquecido esse sujeito. Seria, mas não era, ali estava a carta para prová-lo. Pensei que abrir aquele envelope ali seria uma curiosidade mórbida demais, meti-o de volta na bolsa e me dirigi à funerária. A reaparição desse sujeito na minha vida já havia dado suficientemente de si, e eu tinha problemas muito práticos a resolver. Velório e enterro necessitam atenção intensa.

Daí em diante há um vazio em minha memória, mas ainda assim o que lembro, creio, será importante para a decisão dos senhores. Eu assinei um cheque astronômico na funerária, que evidentemente se aproveitava desse momento único na, por dizer algo, vida dos nossos parentes, e fui comprar um vinho no supermercado. Umas garrafas. Lembro vagamente que no dia seguinte à morte de minha mãe entrei no táxi com direção ao cemitério, e lembro que o taxista me ofendeu quando chegamos ao destino, não recordo o motivo. Lembro que havia uma sala de velório, lembro que o caixão estava aberto porque dele saía odor de muitas flores, mas não lembro do rosto do cadáver de minha mãe. Recordo sim de faces pedindo que eu discursasse algo, talvez estivesse lá um padre de hábito negro, mas pode ser criação minha, lembro que não conseguia falar.

Meu próximo recordo é que minha cabeça e minha boca doíam muito, eu abri os olhos e estava em uma cama, sobre um travesseiro com cheiro de há muito guardado. Logo vi o rosto do meu padrinho.

– Você bebeu muito, ele disse.

– Ah, é?

– Não quis te levar para o hospital. Te trouxe para casa. Estamos no quarto de hóspedes.

– Certo. Para isso, os padrinhos.

– Sente-se bem?
– Minha boca dói.
– Você tombou e seu lábio se cortou no chão. Uma pedra. Nada demais. Sua tia limpou o ferimento com álcool, como se fosse necessário.
– O quê?
– Tentei fazer uma piada. Quis dizer que parecia que o sangue que jorrava deveria conter maior teor alcoólico que o líquido com que sua tia queria limpar o ferimento.
– Ah.
– Mas você está bem. Foi só um porre.
– Entendo. Minha cabeça também dói.
– Você quer alguma coisa?
– Vinho.

Ele riu. Depois fechou o semblante, quando se deu conta de que eu estava falando sério.

A verdade é que passei ali naquele quarto dois dias, bem atendido mas com muita dor, deitado na cama, até o momento em que me senti melhor (queria mais vinho), tomei meu último banho, coloquei a roupa que havia ali, e olhei no espelho minha boca ainda inchada pela queda e minha barba por fazer. Ela estava esbranquiçada, fazia tempo que me barbeava diariamente e não notara que eram esbranquiçados aqueles pelos que eu não permitia crescerem. Ia pedir a meu padrinho um barbeador, mas achei simpático o sinal do passo dos anos. Vi meu anfitrião na sala, que me chamou a sentar. Contou durantes duas horas a história de vida de meu pai, desde a guerra. E se deu por vencido, quando viu que eu não abriria a boca para qualquer questão.

– Já estou de saída – resmunguei – Só queria te contar uma coisa: conheci o tal Jaci.

– Eu sei, disse meu padrinho, e seu forte sotaque me fez lembrar meu pai. Nesses três dias em que você passou aqui, muitas coisas ocorreram, eu ia chegar a esse assunto.

– Três dias? Passa rápido o tempo.

VI. VINHO

– Vai te ligar o Doutor Carlos, um homem bom. Ele foi advogado de seu pai muitos anos, e vive ainda em São Paulo. Está velho, como eu. Falando em velho, deixas aparecer tua barba branca. Não preferes voltar ao quarto e cortá-la?
– Não. Agora vou sair. Manterei meu telefone ligado, para o Doutor Carlos. Na verdade, não tenho muito para fazer.
– Vais para casa?
– Vou a um lugar em que me sirvam vinho. Adeus.

Fechei a porta sem mais despedidas, mas não entrei em um bar, entrei no banco. Vi que tinha dinheiro e agora não tinha despesas. Não tinha ascendentes, não tinha descendentes. Tampouco tinha um contrato de trabalho, mas isso não era urgente. Fui ao apartamento, vesti algo mais confortável, guardei a carta lacrada a Jaci em uma pequena caixa de madeira com duas recordações de meu pai (uma foto e um passaporte) e só então busquei um bar que servisse vinho.

O tal doutor Carlos me ligou dois dias depois, lembrei que ele havia-me telefonado em casa, quase duas décadas antes, quando meu pai morrera. Sangue de corvo, se me permitem dizer, como todos os advogados. Foi só uma brincadeira, agora quem doía era meu estômago, pois a última refeição que eu fizera fora na tal padaria, antes de ver a Jaci. Nada sólido me descia pela goela havia dias.

Doutor Carlos, com suas cordas vocais defumadas por muitas décadas:
– Seria útil que você viesse a São Paulo falar comigo. Tenho alguns assuntos muito importantes a tratar, e me é difícil ir-te ver na cidade em que você está.
– Vou a teu escritório.
– Sou um advogado aposentado, compulsoriamente. Aliás, esse é um dos temas que tenho de te explicar, por expressa recomendação: o motivo de minha aposentadoria. Mas te atendo no escritório de um colega. Me ligue quando estiver por aqui.
– Claro.

E saí à caça de mais vinho.

– VII –
São Paulo e o Advogado

Gostava da minha barba já grande quando a olhei no hotel em que me alojei em minha metrópole natal. Não me vinha mal e, na verdade, tinha só metade dos fios brancos. Não todos. Tampouco me vinha mal voltar àquela cidade, porque havia muitos bares a serem visitados. Agora eu posso lembrar que acordei no hotel, fingi que tinha os horários alterados por algum *jetlag* e pedi vinho na recepção. Tinha na cabeça a imagem de Jaci e da bolsa de minha mãe. Também pensava nos enigmas: tinha que descobrir por que meu pai jamais cobrara de Jaci sua parte, por que fora tão subserviente ao telefone quando lhe pedia uma ajuda para salvar minha Mercedes. Talvez não fosse de todo verdade que Jaci figurasse como tão desonesto da história. Naqueles dias, lembrem-se, eu tinha apenas afirmações, por assim dizer, de fontes não isentas: meu pai, a quem eu dou todo o crédito, dizendo que Jaci o roubara; meu padrinho, em quem eu confiava e que me parecera muito sincero. Algumas insinuações de minha mãe acerca da desonestidade do negociador malandro, mas também, claro, provinham de minha mãe. Bom, na verdade tinha também um assustado e falso pedido de perdão do próprio Jaci, que não atirara os pães ao solo apenas pela emoção de arrostar meus olhos castanhos. A culpa lhe saía pela boca. E havia a tal carta, que, contivesse o que contivesse, seria algo escrito por meu pai. Um desabafo, quem sabe? Provavelmente. Mas não seria, não era um acerto de contas, como deve ser um acerto de contas.

Na manhã seguinte estava no escritório do tal amigo do Doutor Carlos, que era um ambiente simples. Lembro que pensava em chamá-lo para descer e tomar um drinque quando me anunciei à secretária e o vi, saindo de uma sala que devia pertencer ao dono do escritório, ele se despedia de um senhor que talvez fosse um antigo cliente. Cliente que deveria haver-lhe dado um uísque, porque ele segurava com o braço esquerdo um embrulho de presente negro, típico de garrafa de scotch. Reparei em sua gravata de crochê, fazia muito que eu não via uma gravata de crochê, a qual tentava combinar com um paletó cinza e calças negras que pareciam confortáveis, natural para alguém que aparentava seus setenta e tantos anos, bem vividos. Gastos. Dei-lhe a mão e ele quis-me abraçar, apoiando o embrulho na mesa da secretária, Não sabe quanto estou feliz em te ver. Eu era muito amigo de seu pai.

Mas ele não me chamou para entrar na tal saleta, Vamos daqui, vamos dar uma volta, eu gosto do Centro, quando faz frio, você não?, Eu gosto também, respondi, Ótimo, poderia levar isso para mim?, e sem mais cerimônia me passou o embrulho aproveitando de minhas mãos livres, pegou com a secretária uma pasta de couro marrom e despediu-se com um "Até mais ver".

– O senhor ganhou um uísque, eu disse enquanto caminhava, acompanhando seus passos rápidos. Rapidíssimos, para sua idade.

– Advogados ganham uísque.

– Bem, pelo que vejo, o senhor não gosta mais do escritório, não?

VII. SÃO PAULO E O ADVOGADO

– Tive que me aposentar, já lhe falei.

Pensei que pararíamos no bonito café em frente ao prédio, mas ele preferiu seguir adiante e eu me deixava levar pelas ruas, foram duas quadras e meia de caminhada lépida ladeira abaixo e ele entrou em uma porta como um soldado que escuta o comando de virar em ordem unida, era um bar muito feio que cheirava a feijão, e meu fígado não estava para enfrentar aquela cozinha de comercial-com-ovo. Sentou-se à mesa do canto ao fundo e afastou o prato que descansava virado pra baixo, sentei em frente, e na cadeira ao lado apoiei o embrulho negro e meu paletó, Deixa aqui!, ele indicou com o dedo que eu apoiasse o embrulho do uísque sobre a mesa, e afastou mais um prato.

Nem bem sentamos e o garçom (vamos, o homem que servia a mesa) trouxe em uma travessa que nem era bandeja uma coca-cola, um copo baixo com algum gelo, uma garrafa de uísque quase vazia e um cinzeiro, colocou tudo diante do advogado e começou a verter o líquido no copo com gelo. Eu só observava. A garrafa esvaziou toda, e o garçom logo pegou o pacote embrulhado, como se fora um presente para ele mesmo, rasgou o celofane, abriu a caixa e tirou uma garrafa igual à que estava na mesa, de uma marca cara de etiqueta negra, fez um elogio qualquer enquanto a destapava e logo completou o copo; pôs na sua bandeja o celofane, a caixa de cartolina, a garrafa recém inaugurada – que tomou o lugar da coca-cola – e voltou naturalmente para trás do balcão, sem sequer perguntar o que eu queria. Se perguntasse, eu não saberia o que responder, concentrado que estava em observar aquele estranho homem que me chamava para uma conversa que tardava tanto em iniciar. Pensei naquele momento que, ali, era um voto de confiança que o velho fazia em mim, ele esperava que eu dissesse algo, porque precisávamos criar intimidade e realmente ele estava-me desvelando seus segredos com aquele ato provocativo, o garçom abrindo o uísque de presente, ele desejava uma reação. Falei:

— O senhor *não* ganhou o uísque, verdade?

Ele sorriu e acendeu o cigarro, porque naquele bar barato a lei não vige para os melhores clientes.

— Como detetive, você está mal. Eu ganhei *sim* a garrafa. De presente.

— Mas não hoje.

— Não hoje.

— Nem estava embrulhada, suponho.

Ele tomou enorme trago do uísque e logo do cigarro, sorrindo, como se quisesse sinalizar que estava feliz com minha conclusão. Esperou um pouco e retrucou.

— É bom saber que você é perspicaz. Vai precisar dessa inteligência.

Do bolso do paletó tirou uma caneta negra, envelhecida, que me entregou:

— Eu queria te dar isso. Foi praticamente a primeira caneta que usei como advogado, teu pai que me deu. Trouxe da França. Hoje eu sei que é um dos primeiros modelos da *Genève*, vale uma nota. Mas, claro, é tua, não minha.

Agradeci. Pensei em recusar, mas gostaria de ter algo que meu pai trouxera de seus tempos de guerra. E era um objeto bonito, aliás, apesar de um tanto judiado. Ele deu mais um gole do uísque.

— Por isso o senhor me chamou? — perguntei, olhando a caneta.

— Parece-lhe pouco?

— Na verdade, sim.

O advogado riu.

— Gostei de você. Tem mais dois assuntos. O Jaci me procurou, ele quer uma negociação contigo.

Olhei bem nos olhos de Dr. Carlos, notei um brilho estranho, como lacrimejando, mas muito diverso da parafina que recobria os olhos do meu pai, porque a parafina é o acúmulo do sofrimento, que não estava no advogado. Era apenas a idade, com coca-cola e uísque.

– O Jaci te ligou? Não sei de que lado o senhor está, doutor.
– Esse homem é um bandido, vagabundo, enganador. Isso responde à sua pergunta?
– E o senhor ainda assim aceita falar com ele? A mim soa como humilhação.
– Minha profissão impõe, e o diálogo nunca é humilhante, dependendo de como você se posicione. A postura, sabe? Ele está muito rico, mas doente. E desgraçado, pelo que sei um filho está preso, a filha é narcodependente grave. Bom, ao que importa: ele deve querer pagar-lhe um bom dinheiro.
– Que doença ele tem?
– Parece um câncer.
– Ele me disse que tinha um coágulo no cérebro.
– Naquele momento que você o encontrou, ele disse qualquer coisa. Porque estava assustado.
– Ele comentou isso com o senhor, doutor?
– Contou-me sim. Me disse que falou o primeiro que lhe veio à cabeça.
– Literalmente. Veio-lhe a cabeça um coágulo no cérebro.
– brinquei, porque a saúde de Jaci não me importava em nada
– Quisera que fosse verdade.
– Bom, a verdade nunca foi uma qualidade dele – contestou o doutor, sacudindo sua gravata de crochê para afastar um pouco de cinza de cigarro que lhe caíra.
– Desde o dia que me encontrei com esse sujeito, fiquei muito mal. Muito mesmo. Mas posso-lhe garantir que o dinheiro não é o que pretendo desse infame. Do senhor, doutor, eu gostaria de muitas informações. Que me contasse exatamente o que esse homem fez a meu pai. Mas quero tomar um trago, antes. O garçom me serviria um pouco do teu presente?
– Ah, estou aqui para isso também. Para as informações, não para te dar uísque. No meu escocês ninguém mexe, é uma lei neste bar, porque este bar é meu território. E leis se cumprem, entende? Vamos ao tema: em resumo, Jaci deixou seu pai na miséria, quando você e sua irmã eram criancinhas.

75

E então me deu uma série de detalhes, que eu já contei no início desta carta, e peço que novamente que os senhores, destinatários desta minha missiva, guardem-nos com carinho.
– Terei que decidir o que fazer sobre esse sujeito, eu disse. Mas transacionar dinheiro, garanto, não é meu objetivo agora.
– Respondo ao Jaci então que você não quer diálogo? – perguntou Dr. Carlos, e não parecia decepcionado.
– Por favor.
O velho foi servido de mais uísque e tomou meio copo, literalmente como se fosse água. Eu ficava nervoso porque queria prová-lo, Me traz um conhaque!, ordenei ao tal garçom, imaginando que ali não passaria sequer sombra de um vinho tragável.
– Temos mais um assunto, ele resmungou.
– Ah, sim?
– Você não se lembra qual? Pra quem fez tantas perguntas, você deveria ter boa memória. Se não, eu te contei tantas coisas para se perderem nesses neurônios, então desperdicei meu tempo.
– Não lembro do outro assunto. Mas lembro de tudo o que o senhor me contou, acredite.
– Eu havia-te prometido que te contaria a causa da minha aposentadoria.
– É mesmo – disse, fingindo me importar. Os velhos sempre querem contar suas próprias histórias, direito deles.
– Na verdade, teve um único culpado, e eu vou apresentá--lo, neste exato momento.
– Quem foi?, perguntei, agora curioso. Claro, anos de advocacia faziam aquele sujeito manter algum interessante suspense. – Quem forçou sua aposentadoria?
Vi então que ele me apontava o copo de *scotch*, com as duas mãos abertas, como quem introduz um novo amigo. Bingo!
A história é ainda mais forte não apenas porque ele passou a me relatar que toda sua tensão inexplicável das manhãs só passava depois que visitava o bar, que tinha que se ocultar

VII. SÃO PAULO E O ADVOGADO

como um rato naquele antro sujo onde serviam sua bebida (palavras dele) e que talvez não fosse folclore dizer que os advogados bebem muito, mas que o álcool ajudava o pensamento era sim um mito. Que se tivesse mesmo um raciocínio amplo não perderia o controle, e os clientes, e a melhor mulher do mundo e por aí vai.

– O que quer que decidas em relação ao Jaci, decide-te longe dessa droga.

Quando o homem trouxe meu conhaque barato, eu o olhei como um copo de veneno, enquanto minha fome aumentava tremendamente, os dias todos que eu não havia provado comida resolveram no mesmo momento invadir alguma parte do meu cérebro reservada às necessidades vitais, Vocês já estão servindo almoço?, Almoço é pouco, servimos o melhor virado à paulista do Brasil!, falou com bom humor, enquanto Dr. Carlos assentia com um sinal de cabeça.

– Então manda um, ordenei, a arrastar o prato a meu lado sobre a toalha de papel manteiga.

Dias depois estava ainda em São Paulo, mas no escritório de uma multinacional francesa, a negociar, com um executivo espanhol que mal falava inglês, meu novo contrato de trabalho. Eu disse que deveria passar, no mínimo, dois anos ali para chegar ao logaritmo correto sobre lucros e estimativas daquela grande produtora de cosméticos, novamente os cosméticos. Ao cabo de não menos de seis dias de negociações, alcançamos um bom termo sobre minha remuneração. A um ótimo termo, eu diria, mas não diante do interlocutor. Para isso, em duas semanas já deveria eu viver em Paris, com acesso a toda a contabilidade da empresa.

– Dizem que, na nossa sede, os homens de avental branco, como nós os chamamos, desenvolvem produtos para cuidar da barba. Talvez o senhor lhes sirva de cobaia, ele brincou, notando que ao cabo de tantos dias de encontros diários, minha barba tomava corpo. Eu estava gostando dela.

– VIII –
Livros e Sentido

De fato, me proporcionaram um escritório bem grande, eu digo, uma sala enorme e bem decorada em um edifício-sede parisiense que, esse sim, não era tão espaçoso. A empresa em si era pequena, mas seus lucros impressionantes. Impressionantes, mas já houveram sido maiores.

Um mês na cidade e eu já tinha aulas intensivas que me permitiam alguma comunicação incipiente, ficava no anoitecer com minha pastinha de aluno de idiomas reconhecendo becos alegres, comprava dois jornais vespertinos e lia (ou tentava ler) em cafés diversos, comia aqueles brioches e tomava vinho. Não mais de uma taça, creiam. Usualmente eu saía da escola de francês às sete e meia e caminhava oito quadras até as margens do rio, depois me impunha não ter destino. Teria de entrar em lugar novo, como em uma teoria de aleatoriedade. Comia apenas em restaurantes e vivia em um hotel, caro como qualquer coisa semi-limpa ali, e ainda assim não gastava a décima parte do contratado com a empresa de cosméticos, e as planilhas estavam já desvendadas, os cálculos eram muito simples porém longos. Eu os fazia em lápis e papel, porque assim trabalham os verdadeiros matemáticos: lápis, papel; ou lousa e giz. Com as planilhas de computador, apenas fermentava uma conta que estava desvendada na ponta do lápis. Coisas da sobrevivência.

Dez semanas em Paris e então fiz o que acho que mudaria meu pensamento para sempre: entrei em uma biblioteca, uma biblioteca de verdade. Não, melhor relatar um pouco antes. Saí da aula da aula de idioma todo empolgado porque havia tagarelado muito – tudo errado, mas comunicativo – e entrei na banca de jornal pra comprar alguma revista que desse notícias de ciências, porque precisava apresentar um trabalho na aula de idioma e queria falar sobre astronomia. Mas não me saíram as palavras com a perfeição que o tal jornaleiro parisiense exigia, e ele me humilhou tanto dizendo que não me compreendia uma palavra – cortando minha empolgação no aprendizado – que eu resolvi não comprar porcaria nenhuma e ficar quieto e voltar a vagar sozinho pra ir tomar algum café em qualquer canto onde as pessoas fossem mais simpáticas. Foi aí que reparei nos olhos com traços mais lindos que já havia visto na vida. Olhos esverdeados sem maquiagem, diferentes daqueles que ilustravam as ante-salas do meu escritório do negócio dos cosméticos, eu fiquei admirando aquela mulher que devia ter seus trinta e poucos anos e que novamente baixou a atenção ao livro que sustentava entre as mãos e eu tive que pensar rápido e correr e pedir qualquer coisa com chantili naquele estabelecimento, para demarcar meu território. Ela estava em uma daquelas mesas de café que ficam na calçada e eu pensei que poderia pedir pra compartilhar mesa porque as outras quatro estavam lotadas, quando eu voltei carregando minha xícara com creme eu pedi licença e me respondeu em inglês, Será um prazer, Você é turista?, questionei e ela disse que não, que era húngara e que passava o dia ali lendo pra conseguir aprender francês, Livros em francês que eu escolho na biblioteca.

Ficamos logo amigos de toda a vida, ela porque teve empatia com minha condição de estrangeiro barbarizado e eu porque estava encantado com os mais belos olhos que a Hungria perdera. Ela me levou à tal biblioteca, um prédio público a uma quadra do tal café. Entramos em um salão lateral enorme («Dedicado apenas aos clássicos») em madeira escura no estilo barroco, com mesas de leitura antigas e que se viam sólidas como jacarandá, então ela me ensinou o que fazia, falando baixo, pausado e colado ao meu ouvido:

– As pessoas levantam das mesas de leitura e deixam os livros por ali onde estão. Os livros só podem ser guardados pelo bibliotecário. A maioria deles podem ser emprestados, mas só por algumas horas, nesse momento que eu uso pra tomar meu café. Depois eu volto e me sento, mas eu nunca leio o mesmo livro. Eu não os termino, porque eu gosto de saber as histórias dos leitores. É assim.

– Como, saber as histórias dos leitores?

– Eu entro aqui e observo o máximo possível das pessoas que estão lendo. Sempre gente rara, porque, pensa bem, quem vem hoje ler ficção em biblioteca? Vejo como se vestem, vejo seus traços, a cor dos cabelos, a idade que eu tento adivinhar. E quando eles terminam de ler o livro e o deixam sobre a mesa, vou diretamente mirar o que estavam lendo, então tenho uma dupla história: no livro lido e em quem o lia. Há muitas histórias em um livro que não são o conteúdo que o autor pretende dar-lhe, no exemplar do livro mesmo há tantas histórias que podem ser mais interessantes que o que originariamente se imprimiu ali. Você já pensou nisso?

Eu, claro, respondi que não.

– Pois é. Mas existem. Como eu dizia, trate primeiro o livro como objeto. Se você tiver a sorte de o leitor ter esquecido nele um marca-páginas, já saberás o que mais lhe interessou, ou ao menos quais foram as últimas palavras que leu. Com isso saberás o que está na sua mente, porque o bom leitor não interrompe a leitura quando decide que o texto está maçante ou porque crê que acabou o tempo exato que ele tinha para dedicar-se à leitura, de modo algum.

— Não?
— Do bom livro, não. O leitor espera chegar a um ponto que lhe demanda reflexão, para abandonar a biblioteca pensando sobre aquele fragmento específico. Pois bem, descobrir esse fragmento significa para mim ganhar a alma daquela pessoa, ao menos naquele momento.
— Como um vampiro? — perguntei, mas ela ignorou o comentário.
— Se a pessoa não deixa um marca páginas, tampouco é difícil descobrir onde parou a leitura. A viragem das folhas deixa uma marca no livro, porque se desacomoda na lombada, então a última folha desacomodada corresponde à página mais recentemente lida. Isso, no aspecto particular, mas tem o geral.

Segui escutando:
— As páginas mais visitadas viciam a lombada, a costura do volume. Isso significa que, se você for cuidadoso na abordagem, o livro abrirá sempre na página mais lida. Antigamente, eram as páginas onde ficavam as cenas sexuais, que as moças liam repetidamente, mas hoje isso já não é regra. Às vezes, leio apenas esses fragmentos. Retiro o livro daqui por alguns momentos e vou ao café, descobrir esses elementos mágicos do texto que encantam as pessoas, ou apenas me imaginar na mente daquele que acabou de sair refletindo sobre uma passagem, e então eu leio esse trecho e lhe roubo o pensamento, que nada mais é que o néctar de uma composição, que ele selecionou pra mim, e que segue dando voltas em seus neurônios, porque um bom texto é como uma droga potente, que continua em seu prolongado efeito. Os dois funcionários daqui já estão acostumados a me ver retirar os livros abandonados pelos outros, devem pensar que sou louca.
— Injustamente, respondi. — e eu a convidei a mais um café, interessado muito mais em seus olhos que na narrativa. Ela aceitou, despediu-se com um aceno do bibliotecário, que

VIII. LIVROS E SENTIDO

fez questão de não responder e, fora da biblioteca, falava alto e rápido:
— Assim é que aprendo idioma. Captando a mente de alguns cidadãos locais. Um idioma não é uma questão de correspondência de códigos, é bem mais que isso. Porque na verdade é o idioma que formou o livro que estou lendo e a pessoa que o lê, ou que o lia. Só que no caso daqueles que lêem ficções, principalmente ficções em biblioteca, existe algo muito mais interessante, que acho que só eu notei. Já comentei com algumas pessoas, como faço contigo, mas provavelmente ninguém entendeu. Pensa comigo: quem lê uma obra de ficção na verdade busca um sentido para a vida. Tem no fundo sempre a esperança de que um personagem lhe diga o que fazer, busca uma cena análoga à que o coloca tanto em dúvida neste mundo real, admira alguém (admira o personagem) e então quer seguir seus passos ou, ainda, pensa que é obrigado a segui-los, e nesse sentido a ficção é um grande oráculo. É como se escutasse uma música para querer dançá-la e assim há que se entrar na mesma vibração e, depois que se entra, ela te conduz durante aqueles instantes, com a ficção é a quase igual só que mais difícil porque na verdade a vibração segue se reproduzindo, talvez a vida toda. O efeito da droga, a viagem sem volta.
— Eu nunca li um livro assim.

Seus olhos cor de garapa de cana se fixaram durante um tempo no relógio de parede de um café que entramos, só depois notei que ela decidia se já era hora de pedir o *sundowner*, Provaria apenas um vinho, mas estou sem nenhum dinheiro, Não seja por isso, os parisienses me pagam em dólar, disso não me queixo. Ela me mirou profundamente, os cílios avermelhados não se moviam:
— Você se importa se eu beber apenas da sua taça?

Meu coração disparou. Nem respondi. Ou respondi, não lembro mesmo. Ela compreendeu e seguiu:
— Os livros são um mundo.

— Eu não imaginava que eles fossem assim tão cheios de significado. – pensei alto.

— Eles contam tantas histórias, eles sempre falam dos outros – e provou do vinho que mandei trazer, que não era francês, e em lugar de marca de batom no copo, que pensando bem seria muito piegas, deixou escorrendo pelo cristal da taça um pouco do líquido vermelho, como uma lágrima de sangue – e ao mesmo tempo revelam tantos segredos nossos. Por exemplo, qual o último livro que você leu?

Gelei. Mas sou adulto suficiente pra falar a verdade.

— Tinha medo de que você me fizesse essa pergunta. Porque acho que não leio um livro desde que entrei na faculdade, no Brasil. Tive que estudar doutorado, mas li apenas fragmentos de livros técnicos, cópias de alguns textos que não me trazem o menor interesse. E hoje folheio jornais depois da aula de francês e revistas de moda que ficam na sala da recepção da empresa, em algum momento especial do dia. Mas acho que dá pra notar que moda não é bem meu forte.

— Nem livros.

—Menos ainda.

Ela calou. Levantou-se, inclinou-se para beijar-me o rosto e eu senti um perfume de que não me esqueço, que provavelmente não era local porque mais parecia um cheiro de sabonete suave daqueles de criança, e pronunciou algo que (pode-se notar) eu jamais esqueci, e algo lhe devolveu um francês perfeito:

— *Pardon*, mas você é uma perda de tempo. Pra mim, eu digo. Me entende?

E saiu.

Passei uma noite péssima, não porque estivera apaixonado nem algo parecido. Bom, talvez algo parecido. Me incomodava mesmo era alguém dizer que eu era uma perda de tempo. Porque eu era isso mesmo: Uma perda total de tempo. Alguém até então que vivia algo sem sentido porque

VIII. LIVROS E SENTIDO

não tinha família nem objetivo de vida e convenhamos que viver forjando contas em um escritório de cosméticos não era exatamente um ideal de existência. Se eu pensasse bem... se eu pensasse bem, o que faria mesmo sentido pra mim? Acho que naquela noite foi a primeira vez que raciocinei algo assim, e é claro que eu tinha alguma ideia, mas muito esfumaçada, na verdade eu pensei que minha húngara exagerava em dizer que alguém sem leitura não valia nada, por outro lado tinha sua razão sobre as histórias e a riqueza e o que até então eu não sabia.

Na tarde seguinte, deixei meus livrinhos de francês no armário da tal biblioteca e fui à sala de leitura emadeirada, só então notei como era ampla, porque eram os tons escuros da madeira que lhe roubavam a sensação de infinito. E como eram mesmo raros os homens dali, a princípio tinha olhado a todos em busca da minha predileta ladra de histórias, mas ela não estava na sala. Era estranho: havia onze pessoas sentadas e nove fileiras de cadeiras com doze lugares cada, mas ainda assim elas ocupavam apenas as quatro fileiras de trás. Um leitor na primeira fileira, mais distante de mim, e logo adiante duas mulheres muito concentradas, e logo três, e na fileira mais próxima, cinco pessoas alinhadas, em absoluto silêncio mas que, vistas assim em conjunto, pareciam adquirir algum movimento. A primeira delas se levantou e eu ocupei seu lugar, rapidamente, ali estava um livro: Berlin Alexanderplatz. Lembrei da lição que recebera e procurei nele algum marca páginas, não havia. Mas sim era possível identificar a página em que o leitor o havia abandonado, isso não me empolgou. O título parecia alemão, o livro de autor alemão ou suíço ou austríaco, mas traduzido ao francês. Olhei a contracapa que tecia elogios, como sempre (mas eu estava desabituado e ver contracapas) e então notei que conseguia compreender bem o conteúdo, que falaria algo da guerra, não sei, algo da Alemanha que eu sabia tão pouco. Um bom dicionário eletrônico e eu faria horrores, porque afinal, aos trancos, já havia lido três páginas quando me dei conta que estava sentado e acomodado como um leitor. Um pouco por intuição e um tanto por pensá-lo, peguei o livro e fui sentar-me duas fileiras à frente, e tão logo o fiz um outro daqueles estranhos leitores, como se eu tivesse aberto um caminho até então não desbravado naquele salão, fingiu querer descansar as pernas, deu uma volta pelas passagens laterais das fileiras e veio ocupar um lugar na mesma fila que eu, mas do outro lado. Como nove cadeiras nos separavam, não posso dizer que queria falar comigo. Um homem passou a meu lado e vi que era aquele primeiro que estava sozinho na fileira mais distante, eu o saudei com um aceno de cabeça porque ele percebeu que eu o estava olhando. Minutos depois uma mulher muito alta (portanto, não era quem eu aguardava) entrou já com um livro em mãos e ocupou a mesma cadeira, ao fundo. Para vê-la, olhei para trás muito discretamente. Foi quando ela mesma passou a meu lado, horas depois, que eu desviei da história de Biberkopf, o livro que lia, e notei que todos já se estavam ao mesmo tempo levantando, meu relógio caro apontava para as dez da noite, eu não queria soltar o livro. Eu. Sentia um misto de ódio por ter de interromper o que acontecia com o personagem, e foi aí, na interrupção tão a contragosto, que algo muito estranho me ocorreu.

Estranho. Na rua, aumentou o dissabor por desconhecer o futuro da personagem, então eu tentava dizer pra mim mesmo que aquilo era uma ilusão, que o tal Biberkopf era fruto da mente de um escritor, o personagem não houvera existido nunca, não tinha futuro nem passado, mas nada adiantou. Minha curiosidade me corroía com mais interesse do que teria se um cigano me oferecesse contar meu próprio futuro. De que importa meu futuro? Meu futuro é incerto como o movimento aleatório dos átomos, mas o futuro de Biberkopf não só existia – eu que o ignorava – como tinha sentido lógico. Havia sido traçado, e ainda que eu o visse parcialmente, como o segmento de reta, existia no infinito e fazia sentido.

VIII. LIVROS E SENTIDO

Era uma das poucas coisas nesta vida que realmente fazia sentido. Foi refletindo algo nesse estilo que aquela noite eu cheguei ao hotel e dormi profundamente. Como eu jamais houvera dormido.

Quando me levantei tudo estava bastante diverso. Fui colocar meu relógio no pulso e tive uma sensação que desde então se repetiria muitas vezes. Perguntei por que o relógio. Me perguntei por que ele havia sido feito e se suas horas eram confiáveis, finalmente por que ele me havia custado tão caro. Que era um diferencial de minha personalidade, mas eu imaginava seu mecanismo marcando horas ali dentro e... Pensei que alguém poderia um dia escrever um grande livro que explicasse à humanidade a função do relógio, ou melhor: que explicasse o mundo a partir do relógio, porque era este que dava a todas as coisas seu ritmo de existência, e então o próprio relógio buscaria desvendar a charada que cada objeto lança no mundo – por que estou aqui? Para que sirvo? – e assim eu começava a notar que era o mundo todo que me atirava questões, perguntas que mereciam ser respondidas ou, antes, desvendadas, para adquirir sentido, como se a cada volta do relógio me questionassem, Você já sabe por que seu pai jamais reagiu ao roubo de Jaci, à morte de Mercedes, à miséria que o fez ter de enfrentar uma arriscada aventura que só terminou com sua morte, na avioneta? Cada parte do mundo me fazia perguntas, às vezes tão precisas e intensas, acreditem, como um problema matemático, que se revira, debate contra a pedra da lousa enquanto não se lhe encontra solução, tal qual um doente que se revolve na cama porque não consegue respirar.

De todos os modos, eu precisava de outro livro. E assim, creiam, abandonei meu curso de francês para entrar na biblioteca e, todas as tardes, logo após o almoço, sentar-me diante daquela estante e escolher o mundo em que eu entraria, e para tanto comecei com bastante humildade. Assim que terminei o intenso *Berlin Alexanderplatz*, sentei-me com o bibliotecário que me pareceu mais simpático e lhe disse que eu era um estudante do idioma e, apesar da idade, um aprendiz do gosto da literatura. O que era aquilo? Que significava aquele mundo de códigos, em que a vida assumia um sentido claro, em que as pessoas eram obstinadas a mudar seu futuro ou a aceitá-lo de acordo com uma consciência de que não existe movimento ou pensamento vão, em que cada diálogo, cada palavra era parte visivelmente integrante de um mundo, em que esta nossa realidade externa significa algo não muito diverso de uma simples nota musical em uma sinfonia que se alastra por universos particulares muito mais harmônicos e melodiosos que este aqui? Segui o caminho que o bibliotecário me indicava para tentar adentrar no que fora essa magia, Camus, Fitzgerald, Faulkner, Carver, Fuentes, Celine, Auster, Clarice, Saramago. Mas passavam os meses e minha visita vespertina à biblioteca ia tomando rumos mais pessoais, meio inconscientemente perguntava pelos livros que traziam relatos de guerra. Não, não os relatos do fronte, mas de tudo o que o cercava, a fome, as grandes decisões, o preconceito, os ataques, Levi, Javier Cercas, Sebald, Hemingway. Mais Hemingway. Os momentos em que as pequenas hostilidades se transformam em guerra declarada. Ao cabo de um ano, meu domínio do idioma era quase perfeito, minha barba era grande e brilhante, mas não era apenas o que havia mudado em mim. Só me dei conta disso, porém, quando, pela primeira vez, o bibliotecário assentiu a fazer um intervalo clandestino em seu horário de trabalho e acompanhar-me em minha tradicional pausa para o café, às seis e meia. Era o começo de primavera.

– Meu trabalho é curioso, disse o bibliotecário, mexendo em seus óculos. Parece monótono, mas não é. Eu leio muito e observo as pessoas.

– Observa?

– Sim, faço uma análise. As pessoas pensam que lêem os livros, mas na verdade é o livro que as lê.

VIII. LIVROS E SENTIDO

– E como isso funciona? – perguntei, quase com curiosidade.
– Você, por exemplo.
– Eu? – agora sim, a conversa me interessava muito.
– Você muda de livro, mas faz meses que pede sempre a mesma história. Se o livro não narra aquela mesma história, você me o devolve sem terminá-lo.
– Qual história?
– História de extremos. Situações extremas, que levam a atos de coragem. Ou ao arrependimento eterno pela covardia. Em geral, são esses os bons livros do entorno da guerra, como você diz.
– Isso são os livros lendo a mim?
– Naturalmente. Eles dizem quem é você, de modo muito mais detalhado que outros hábitos. Por exemplo, neste bairro há, sem exagero, mais de uma centena de cafés. Por que você veio direto, justo este?

Era uma questão e tanto. Lembrei dos olhos esverdeados da moça por quem vivera minha paixão de poucos dias, porque de fato me havia esquecido dela. Onde estaria? De todos os modos, ela era a resposta:

– Encontrei aqui uma moça húngara de olhos esverdeados, que me apresentou a biblioteca. A primeira vez que entrei lá, não sei se você se lembra, estava com ela.
– Me lembro de você entrar sozinho. Sou atento a isso e nossos freqüentadores são poucos. Mas se você diz...
– Todas as tardes, ela pegava um livro de quem o abandonava na mesa, pedia emprestado e o trazia até este café. Depois o devolvia. Uma húngara de cabelos avermelhados.

O bibliotecário riu alto, Mais um que delira!, Como assim, "delira"?, questionei.

– O sotaque do leste é o mais marcante de todo o planeta, eu jamais deixo de identificar um húngaro. Mas muito pior: é mais fácil tirar um filé da boca de um leão que um livro daquela biblioteca, a saída do livro significaria uma demissão sumária de qualquer um de nós. As leituras têm esse pequeno efeito colateral: eles fazem alucinar, Don Quixote!

E riu muito mais. Voltando à biblioteca, o funcionário buscou um pequeno livro de um autor mexicano, São contos, de situações extremas como as que você gosta. Sentei, abri o livro no início de um conto qualquer e ali estava a frase, em destaque: "Mataram a cadela, mas ainda vivem os filhotes". Maldito, era o livro me lendo. Tento aqui me expressar, aos senhores, para contar como isso é importante para mim. Espero que consiga.

Não contaria isso aos senhores, doutores, se não fosse a absoluta verdade, e se eu não tivesse a certeza de que me encontro em meu perfeito juízo, dois psiquiatras o atestam. São, de todas as maneiras, antecedentes importantes a meu delito. Talvez a moça húngara fosse alguém com um estranho fetiche de contar mentiras, e me tenha pego em um momento de vulnerabilidade. Isso explicaria por que ela desapareceu de um momento a outro, talvez esperasse o próximo trem para Budapeste, quem sabe? Fato é que eu estava alterado, era alguém com consciência de dever e, se é verdade que os livros me liam, o que existia em mim de mais forte era a gratidão pelas gerações anteriores à minha, que não conheceram a fartura e a abundância, que passaram fome sem desfrutar tardes inteiras em um café, que portavam pistolas em lugar de *smartphones* e que pagaram preço alto por manter sua ideologia, fosse qual fosse. Os livros me diziam que eu era alguém que devia muito a quem me antecedera, que preparara o caminho para uma geração de ócio, malandragem e canetas de plástico.

Minha vida, agora, deveria ter um roteiro. Aliás, um pouco por isso, busquei os psiquiatras que escrevem o atestado anexo: acho que agir conforme valores como a honra, ou buscar intensa e efetivamente um sentido para a vida não significa estar fora do próprio juízo. Embora poucos o façam.

VIII. LIVROS E SENTIDO

Foi na manhã seguinte, quando eu no lápis e papel pensava em outras fórmulas, que tocou o telefone com alguém me falando em português. Era a voz de outro homem idoso, que se apresentou como "um velho jurista". Mas não era doutor Carlos. Prefiro, nesta carta, omitir o seu nome, porque se trata de alguém muito conhecido, que teve um grande papel na vida política de nosso país. Um ancião que faleceu recentemente, não sem após algum desgosto com a mídia, e não digo mais de quem se trata. Ele se apresentou pelo telefone e seu sobrenome marcante me fez relacionar a algo na memória, que o buscador da internet depois me ajudou a desvendar. Depois do *Google*, não há segredos. Mas o tal jurista falava ao meu celular:

– Diga-me só uma coisa, ou duas, para não destruir pela ansiedade o coração deste velho que vos procura.

– Pois não.

– Você é o filho do Sr. Rodolfo Bognarr?

– O próprio. Acho que foi por isso que você me localizou.

– Claro, disse o velho, não ocultando alegria. Perdoe-me tocar no assunto por telefone, mas digo eu, em respeito a minha idade, aceite que eu vá direto ao ponto.

– Siga.

– Você se lembra de haver tido um encontro, em um bar paulistano, com um advogado chamado Dr. Carlos? Um dia em que você comeu um prato feito.

– O melhor virado à paulista do Brasil. Que, consequentemente, deve ser o melhor de todo o mundo – retruquei, empolgado com a lembrança.

A voz do homem ia aumentando de volume, com um contentamento que cruzava o Atlântico.

– Isso mesmo! O Doutor Carlos, nessa ocasião, deu-lhe uma caneta antiga, certo?

– Uma gentileza. Uma caneta antiga, que meu pai pilhara na guerra. Uma bonita história. Meu pai deu a doutor Carlos no início da carreira e, no fim, quando se aposentou (pensei em falar "compulsoriamente", mas achei melhor calar), o advogado me a devolveu. Um homem correto.

— Estupendo! Agora eu lhe vou fazer a última pergunta, mas cuidado porque eu posso ter um infarto. Responda devagar: você guardou essa caneta?

— Ela está comigo no hotel, respondi, enquanto tentava lembrar onde estaria guardada. Em algum lugar, mas está.

— Tem certeza?

— Absoluta. Não se guardam muitas coisas em um quarto de hotel.

— Pois amanhã mesmo embarco a Paris. Você precisa me ouvir! Eu te dou um toque quando chegar.

Desliguei pensando como ouvi-lo falar "dou um toque" contrastava com a imagem que fazia de um homem cuja voz aparentava mesmo idade bem avançada. Deveria ser um personagem interessante. Olhei o nome do sujeito na internet e não foi difícil descobrir que, além de homem influente em vários governos, jurista reconhecido quase mundialmente, era um colecionador de canetas. Claro estava, a peça era rara. Fui ao hotel procurá-la enquanto imaginava que a caneta não tinha para mim um valor exatamente sentimental. Melhor dito, sentimental, como as pessoas em geral definiam o valor dos objetos de família, era um vocábulo pouco apropriado. Porque então já tinha aprendido nos livros que naquela caneta – paradoxalmente, porque a caneta é instrumento de escrita – havia inscrita talvez a parte mais importante da história da humanidade, pela qual eu coincidentemente estava apaixonado: os objetos feitos com arte, a guerra, a perseguição racial, a ocultação, a luta pelos ideais, a gratidão, a morte. E o exílio. História que coincidia com a do meu pai, isso não era um valor sentimental, era a história própria da coisa, alvo também da paixão do tal colecionador, do contrário não sobrevoaria o oceano em busca da tal caneta *Genève*.

Abri a segunda gaveta pequena do armário e ali estavam três objetos: a caneta, uma única foto que eu encontrara em

VIII. LIVROS E SENTIDO

que aparecíamos Mercedes e eu, e a carta lacrada. A carta devolvida pelo Jaci. Agora, os livros me davam a clareza das coisas, ditas assim mesmo, coisas, que eu guardava para ler a mim mesmo. Ao simbolismo, eu me refiro: uma caneta e um papel, meu pai e minha mãe, minha origem escrita. Curioso. Tudo então conspirava para que eu abrisse a carta que até hoje estivera fechada. Primeiro, eu revisitava valores; depois, meu contrato de dois anos já se findava e eu estava um tanto melancólico; mas, principalmente, a conclusão que os livros me deram: eu tinha que dar sentido a minha vida. E manter um objeto de tamanho valor simbólico em uma gaveta, sem descobrir o que havia dentro transformara-se agora em uma contradição. Mas também me ensinaram os livros que as descobertas têm seu próprio tempo.

A carta, que vinha em frases curtas de um estrangeiro que não dominava tão bem o idioma (dos tantos que ele falava) mas que tentava ser culto:

"Caro Jaci,

Escrevo-lhe estas breves linhas, porque não me atendes ao telefone. Vou escrever muito pouco e ser bastante direto.

Levei uma vida difícil, bem diferente da tua. Em mais de uma centena de ocasiões fui dormir suspeitando, seriamente, que não estaria vivo no dia seguinte. Dezenas de vezes, me fizeram de alvo direto de miras de pistolas que dispararam, mas que erraram o alvo. Em algumas oportunidades tive este corpo preservado por quem não tinha a menor obrigação para com minha sobrevivência; ao contrário, alguns que me deram de comer e beber mais bem detinham a obrigação de matar-me. E, como eu, toda uma geração de conterrâneos: gente que sentiu a tensão de recostar os ombros no paredão, ou (tantos e tantos, meus parentes) o garrote vil lhes deslocando a nuca.

Não gosto de lembrar nada disso, mas resumo aqui apenas para te dizer que, depois de tudo o que passei, cada dia vivo é só um dia a mais. Mais de o que eu merecia. Portanto, acredites ou não, cada momento na minha vida me importa muito pouco, porque é sobra. Não sou já tão apegado a ela. Acho que você não acreditará, mas é a verdade.

Porém, sobre meus descendentes eu não penso o mesmo. Eles têm ou deveriam ter sua própria existência, e são de uma geração que deverá saber desfazer os tantos erros da minha. Infelizmente, minha filha Mercedes eu já perdi. Você não sabe o motivo, mas deve suspeitar o que ocorreu a ela logo depois do momento em que falamos a última vez por telefone, quando eu te liguei para dizer que ela estava hospitalizada.

Mas tem ainda o César, meu filho mais novo. Agora único. Ele, ao contrário, é cheio de vida. Um pouco tímido, bastante calado como eu e bem ao contrário da irmã, mas também muito íntegro. O sonho dele é entrar na Universidade, e então esse passa a ser meu sonho também, o maior deles. Repito, ele estuda muito.

Meu salário está muito curto. Quase não dá para a comida. Por causa da inflação nesses anos passados, perdeu todo seu valor. Preciso completá-lo e é claro que os primeiros a quem recorri foram meus patrões, mas eles negaram a desvalorização. Dizem que a inflação está reposta na correção monetária, mas essa não é a verdade, sabemos. A verdade é que estou velho e meu trabalho, depois que já desenhei toda a fazenda, seu registro e sua exploração, não vale nada. Eles me mantêm de favor, para que eu continue defendendo as terras que você lhes vendeu, mas não sou o único que pode fazê-lo.

Volto ao César. Nem em sonho eu posso pagar sua universidade, e ele sabe disso. Não entendo muito das Universidades, mas sei que nesta gigantesca cidade só há

VIII. LIVROS E SENTIDO

uma universidade do Estado, gratuita. E é muito difícil entrar nela, mas, repito, o César é inteligente e estuda muito. Não teve a melhor escola, mas é inteligente e estuda muito.

Ontem, sábado, esteve aqui um amigo dele, o Marcos. É um vizinho, da idade do César. Tenho mais diálogo com esse rapaz que com meu próprio filho, para esses temas duros. Ele me explicou que, se o César fizer um "cursinho", que prepara para a prova da universidade, com certeza ascende a ela. Está muito preparado, o amigo garantiu, e esse Marcos é muito sincero. Disse que, para o César, só faltam algumas "dicas". Pedi pra esse Marcos fazer um orçamento desses "cursinhos", mas ele já trazia tudo na cabeça. Conversamos bastante. O curso mais barato custa onze parcelas de 355 URVs. Trezentos e cinqüenta e cinco dólares. Onze vezes. Isso, e César se faz universitário. Neste país, que eu achei que era o país das oportunidades, o país do futuro, é necessário esse tal investimento. Investimento seguro, porque o César é inteligente e estuda muito.

Eu não tenho este dinheiro, Jaci, nem perto disso. Mas sei que você está muito rico, talvez parcialmente pelos teus próprios méritos. Para você, Jaci, não fará a menor diferença.

Jaci, não queria lhe dizer assim, porque não faço ameaças. Nunca fiz, nem farei. Já lhe disse que, no primeiro dia de guerra em que realmente estive na batalha, eu segurava uma metralhadora grande, dessas fincadas ao solo? Eu e mais dois soldados. Disparamos muito no inimigo que chegava, e com certeza matamos a muita gente. A partir desse dia, quando vi no chão corpos que tombamos (de homens que tiveram a valentia de nos atacar) prometi a Deus que jamais usaria a violência para qualquer fim pessoal. Não podia dizer que jamais fosse disparar uma arma, porque seria uma promessa vã para o que minha vida figuraria ser. Mas, para mim mesmo, Rodolfo, a violência estava fora de cogitação. Nem violência, nem vingança, nem perjúrio. Nem tomar dos outros o que não me pertence. Ou mesmo, como vocês dizem neste raro país, "fofoca". Nunca fui pelos bares a comentar como você me arruinou, e jamais o farei. Por causa dessa minha promessa, Jaci, é que você segue vivo e intacto. Eu não sou um tonto, como você pensa. Eu apenas tenho palavra, porque prestarei da minha vida contas a alguém muito mais importante que você. Um dia, Jaci, você me dará razão.

Eu só não posso garantir por meu filho, por seus atos. Melhor dito, eu tenho bem vislumbradas as reações dele. Por isso, para que ele não se desvie de seu rumo, é que eu gostaria de poder dizer ao meu César que você é um homem que se reaproximou, que desfez antigas ofensas. Porém, jamais mentiria, ainda menos a meu filho. Mais cedo ou mais tarde, como ocorre com todos, absolutamente todos, ele buscará suas origens, quererá remontar sua história. Isso é inevitável, porque é do ser humano. Ele encontrará no passado, na minha história, uma lacuna, um vazio que terá de ser preenchido. E eu não quero que ele preencha esse vazio com uma atitude violenta. Estive em ocasiões importantes com o César, Jaci, inclusive naquelas terras que durante muitos anos imaginei que eram minhas. Posso te garantir que ele é um verdadeiro homem, e que, além de ser inteligente e estudar muito, é valente. Está forjado como valente, e compreendeu a noção de honra e justiça humanas de um modo muito mais claro, eu te garanto, que os demais da sua geração. Ele viveu momentos que o Marcos, o vizinho dele, decerto não viveu, e traz consigo a compreensão das leis, as leis que não estão escritas, e que não se aprendem em nenhum "cursinho". Sei disso porque, quando viu as regras mais duras serem aplicadas, não as questionou.

VIII. LIVROS E SENTIDO

A lei não escrita é imutável, por isso me preocupa um pouco o dia em que o menino se dê conta de que, em alguns momentos, a vida lhe porá na posição de aplicador dessas leis, que ele já conhece. É uma posição irrenunciável. Sempre queremos evitar ser o chamado braço dessa lei, mas não é uma escolha nossa. Talvez você não entenda isso bem, mas César já entendeu.

Digo-lhe novamente: não é uma ameaça. Um dia, em um momento de desespero, aproximei-me de meu filho a fim de contar todo meu passado contigo, mas desisti na última hora, porque não quero influenciar. Nada concreto falarei a ele sobre ti, mas um dia a verdade aparecerá por si mesma, e isso pode prejudicar tua vida e, principalmente, a dele, daí meu receio.

Há valores que se mantêm no sangue, Jaci. Por isso eu lhe peço, eu lhe dou um conselho: aproxime-se do menino. Para que eu diga a ele que quem patrocina esse pequeno intervalo de estudos é um homem que esteve distante, mas remontou sua honra diante de nós.

São onze parcelas de 355 URVs.

Meu endereço e meu telefone estão no envelope. Por favor, não tarde em responder. Você entende que não o peço por mim. O menino é inteligente e estuda muito.

Rodolfo.»

Quisera poupar-vos de o que significava, para mim, ler aquelas palavras. As conclusões que eu cheguei são as conclusões a que os senhores, doutores, todos chegariam. A consciência que tinha o velho de que eu buscaria minhas origens, que me depararia com a lacuna de Jaci, suas palavras a mim no dia em que minha irmã agonizava no hospital, minha dúvida plasmada, Por que meu pai é tão respeitoso com esse sujeito?, o medo na voz daquele patife na padaria, a fala uníssona do meu padrinho e do Dr. Carlos, Isso você terá que descobrir. E eu descobrira, claro: meu pai não reagira contra

Jaci, porque sabia que eu o faria. Eu cumpriria a lei que estava no sangue, que era a do índio, que era a do *ajusticiar*, que era a de todos os livros que leram a mim. Todos, a mesma lei. Toda a resposta, guardada dentro da bolsa inglesa de minha mãe, dentro da gaveta do hotel francês do qual eu já me estava despedindo. A proposta do meu pai, buscando a rendição, ofertando a paz: 355 URVs, em onze parcelas. Proposta já em si humilhante, sequer foi considerada.

– E ele lhe pagou o tal cursinho? – perguntou o renomado jurista colecionador de canetas, no dia seguinte, no *bistrot* que ele mesmo elegera para me forçar à venda do objeto. Eu não tinha amigos e devia contar a história para alguém, aquele velhinho colecionador de canetas tinha cara de bom homem, além de que decerto teria predisposição a saber dos antecedentes do seu objeto de desejo. Acertei no prognóstico, porque ele ouviu com interesse cada linha da carta, que eu trouxera no bolso. Respondi:

– Claro que não pagou nada, se sequer leu o pedido! Por isso conheci o Dr. Carlos. Porque esse covarde queria-me dar dinheiro, só quando descobriu que sua vida se aproximava do fim. Então eu já era um matemático relativamente consagrado, que não mendiga tostões.

– Então você ingressou na tal universidade.

– Eu era inteligente e estudava muito – ri. – Pelo menos, era o que meu pai dizia.

– Seu pai lhe deixou um objeto muito valioso. Valiosíssimo.

– Esta carta?

– A caneta Genève é o único exemplar que sobrou desse modelo. Foram feitas pouquíssimas, logo depois veio a guerra. A caneta não tinha jóias encravadas, e então essas são mais difíceis de serem guardadas. Aí ficam mais raras. Hoje a marca é famosíssima, mas seus primeiros exemplares se perderam nas agruras do nazismo.

VIII. LIVROS E SENTIDO

– Tem muita história inscrita nela – eu disse, e só então tirei a caneta do bolso do meu paletó. Quando a viu, o tal jurista só faltou abanar a cauda, com o perdão da comparação.

– Eu poderia ser desonesto com você e dizer que ela vale pouco, e que eu só quisera completar minha coleção. Isso seria, porém, uma deslealdade a que um colecionador de verdade não se atreve. Temos a superstição de que uma coleção conseguida sem honestidade traz muito azar. Talvez seja uma lenda criada para evitar roubo de peças entre nós mesmos, mas eu acredito assim. Como você bem sabe, alguns valores se nos gravam na alma e nós não o perdemos.

– O senhor não viria a Paris por uma caneta que vale pouco.

– Não creia tanto nisso. O importante é a coleção. Passei anos buscando esse objeto e, olhe só, descobri que até meses atrás repousara no escritório de um advogado, no centro da minha cidade natal. Esperava saber dela em Israel, em Londres... ou em Berlim, mas estava, até faz pouco, pertinho de casa. Poderia ir andando, se não precisasse desta muleta – e mostrou o objeto que o ajudava a caminhar.

– Eu lembro do senhor no governo – confessei – O senhor não se acha importante demais, quero dizer... que tenha deveres mais urgentes que caçar canetas pelo mundo?

– Urgentes e tanto. Volto ao Brasil para uma reunião com o próprio governador do Estado, que diz querer conselhos. Conto só a você, porque já nos fizemos íntimos. Mas existem coisas que nos dão rumo à vida, eu sei bem disso porque sou velho como o diabo. Recuperar a história dessas canetas, que de alguma forma também é a história da minha distante origem, de holocaustos inúmeros, parece ridículo a muitos, mas me é mais proeminente que o governo. Como bem escreveu vosso falecido pai, é um processo inevitável o de buscar as próprias origens, e essa marca de canetas faz, para mim, parte dele. Do processo. A princípio inconscientemente, mas hoje de modo mais claro. A carta que você acaba de me ler, veja, confirmou minha missão também. De modo que seguir essa

caneta, saber que ela existe, e talvez incorporá-la à minha coleção é tão importante quanto é para você buscar esse Jaci e mostrar a ele que você fez o que todos esperavam que você fizesse.
 Engoli em seco. Tinha que perguntar
 – E o que todos esperam que eu faça?
 – Preciso falar?
 – Você acha que eu vou matá-lo?
 – Não sei nem se ele está vivo, você não me disse. Mas se estiver, que outra saída você tem? Pessoalmente, eu digo.
 Então eu não delirava. Não era só eu que pensava aquilo, era também um dos juristas mais renomados do País. Não um louco varrido, mas um homem com os valores dos tempos antigos, os valores que eu pretendia preservar. Dei-lhe a caneta como um presente, Mas isso vale muito dinheiro!, Não foi o senhor que disse que nossos valores são pessoais?, Fui durante apenas mais duas semanas na empresa de cosméticos, apresentei resultados, uma equação mágica que lhes permitiria medir todo o desempenho da empresa por um número final de dois dígitos, pedi tudo o que me era devido e alguns potes de condicionador para a barba. Visitei a biblioteca pública, mas fiquei olhando as estantes de longe, provavelmente sorrindo, *Pardon*, o senhor deseja que eu lhe pegue algo?, perguntou meu amigo bibliotecário em tom muito sério, Talvez, estou apenas me despedindo de velhos amigos, que gostavam de gastar a tarde passando minhas páginas. Pedi o mesmo livro do meu predileto autor mexicano, queria conversar com ele outra vez mais, desvendar meus próprios atos. E ali estava o que li em voz alta e, vejam, está na memória encravado:

> *É o costume. Ali chamam de lei, mas dá no mesmo. Os filhos passam a vida trabalhando para os pais, como estes trabalharam para os seus e como quem sabe quantos, antes deles, cumpriram a mesma lei.*

VIII. LIVROS E SENTIDO

Como eu passei tantos anos longe desses oráculos?, me perguntava, enquanto devolvia o livro em mãos do bibliotecário, que tinha um semblante triste, pra demonstrar intuir que não me veria jamais outra vez.

– IX –
O Quarto 213

De qualquer forma eu voltaria para o Brasil, mas dei sorte: Jaci estava vivo, e até fiquei feliz quando Dr. Carlos, muito alcoolizado, passou-me todas as informações. Feliz, acho, por dois motivos: porque poderia imprimir sentido à minha vida, e porque aquele maldito, afinal, não era tão mentiroso como parecia; ou ao menos havia contado a verdade ao advogado, porque Jaci estava internado em um hospital de São Paulo, para onde viajou em busca da cura para sua doença letal. Recuperava-se de uma cirurgia contra o câncer, e não havia quem o acompanhasse. Até que recebeu a visita do Dr. Carlos, quem se encarregou de descobrir, a pedido do próprio Jaci, o paradeiro dos filhos: o mais velho continuava preso, a filha fugira da clínica de recuperação (que ainda cobrava mensalidade) sem deixar qualquer rastro. Essas desgraças não me assustavam, pois são as misérias daqueles que descumprem as leis.

No quarto do hotel da metrópole, aparei um pouco minha barba com a tesoura, vesti terno e gravata (não sei por que fiz isso) que havia trazido da Europa, pus óculos escuros apenas porque o sol da manhã já me incomodava e fui ao tal hospital.

Meu terno inglês me abriu portas, porque acabava de terminar o horário de visita mas eu disse à atendente que queria ver Jaci Lobo, ela respondeu diretamente, Vou ver o que posso fazer!, e eu agradeci quando ela veio com a enfermeira-chefe e disse, Ela lhe acompanha até o leito. O quarto era individual, sinal que realmente ele tinha dinheiro, mas a cena que visualizei, ainda pela porta 213 aberta era deplorável e quase me comoveu: Jaci estava atirado ao chão e uma auxiliar de enfermagem estirava suas pernas para ajeitá-lo deitado ao solo, enquanto um homem grande se aproximava, por detrás de nós, Que bom que vocês vieram!, disse a auxiliar à enfermeira e ao homem, Parece que ele foi tentar ir sozinho ao banheiro. E caiu.

– Minhas pernas não movem! – gritou o moribundo em um semi choro. Típico dele.

Eu me virei de costas para que ele não me notasse, e de fato o doente tinha problemas maiores pra cuidar que observar o semblante de quem entrava, Acalme-se e deite-se!, disse a enfermeira agachando-se e levantando-lhe a cabeça para acomodar um travesseiro de fronha azul atrás de sua nuca. Esperei que o tumulto passasse ainda olhando pela porta entreaberta, quando a enfermeira saiu eu apenas lhe disse, Gostaria de falar com o médico responsável por ele. Ela me explicou:

– O paciente fez cirurgia há alguns dias, mas sinceramente não resolveu muito. Está ferido por dentro e a doença, pelo visto, não está nada controlada. Ao que parece, perdeu o movimento das pernas, ou está fraco demais. O médico responsável por acompanhar o quadro geral é o oncologista, mas hoje, pelo que sei, ele vem a partir das 18h. Das 18h às 20h.

– Pois bem. Desejaria falar algo ao doutor.

Pretendo, com este último relato, mostrar aos senhores, juristas, que meu intuito era o de minimizar danos. Danos inevitáveis, marcados no destino, que eu procurava apenas

IX. O QUARTO 213

conter, e penso que consegui. Não sei se isso importa juridicamente algo, porque não sou especialista, mas em minhas equações empresariais sempre havia uma variável para emergências, para as más ocorrências inevitáveis, e a isso chamamos minimização ou contenção de danos. Danos que vão ocorrer, porque estão gravados, no caso da empresa por estatísticas que não mentem, que prevêem o futuro; e, no meu caso, por uma lei que seria cumprida de qualquer maneira. Eu tentava conter danos, era essa a conversa que tive com o simpático oncologista, um homem de seus quarenta anos, com cabelo pintado, que me observou com algum sinal de alívio, depois descobri que ele queria passar adiante informação cuja retenção o incomodava. Apresentei-me como um amigo antigo, que há muito não via o enfermo, e que buscava notícias pela voz do médico, quem não tirara o avental com o logotipo do hospital para cruzar a rua e me acompanhar até o lugar onde eu lhe pagaria um cappuccino com chantilly. Identifiquei-me e imediatamente o convidei ao tal cappuccino, ele aceitou sorrindo, pediu licença um momento e entrou pelos corredores, imaginei que ele iria deixar seu jaleco em algum cabide, mas voltou tal qual estava, Precisava pegar algo! Coisas da vaidade humana, o avental posto, o estetoscópio ao lado do pescoço, cruzando a rua até o café. Um espaço que tentava, muito de longe, imitar os cafés de Paris, covardia. Falou:
– O quadro do teu amigo é grave. Não porque ele tenha idade avançada só, mas porque a doença está agora, por falar as coisas como são, galopante. Tem quase oitenta anos, e eu o conheci semanas atrás, lúcido e com um físico impressionante, porque havia interrompido a quimioterapia e estava em perfeito estado. Não fossem os exames, não diria que tinha um tumor, mas infelizmente... Eu o acompanho desde que deu entrada no hospital, parece que veio de outra cidade.
– Sim, ele morava em outra capital.

— Até agora, nenhum familiar apareceu por teu amigo. Veio sim um advogado, alguém também de idade, mas já há algumas semanas, quando a doença nos parecia estabilizada.
— Bom, ele tem filhos, eu disse. Quando houver herança, eles aparecem rápido como um relâmpago, mesmo que estejam trancados em alguma cela. Da minha parte, eu vim do exterior em busca dele [até aí eu não mentia, mas daqui em diante não posso dizer-vos o mesmo] porque estou muito preocupado com sua saúde. Entretanto, doutor, meu trabalho me deixa muito pouco tempo. Eu gostaria de estar a seu lado nos momentos finais. Só isso.
— Mas não tenho por que esconder – e revelou, apontando com o indicador da mão direita o relógio suíço, prateado, que estava em seu pulso esquerdo: – A cirurgia debilita o paciente e, às vezes, até desata a progressão da doença. Estes são seus momentos finais.
— É mesmo?
— Acabo de ver seus últimos exames. O quadro, já há alguns dias, era o de metástase no cérebro, que, como previsto, avança a passos largos. Por isso, hoje pela manhã, já perdeu os movimentos das pernas.
— Não tem qualquer chance de cura?
O doutor se surpreendeu, ao ponto de babar cappuccino em seu avental impecável. Agora entendia por que ele o usava. Sorriu, depois me olhou direito e ficou sério:
— Você acredita em milagres?, questionou.
Eu lembrei de imediato do meu pai "Infelizmente, não acredito em milagres", e com alguma maldade pensei que, se não houve milagre para minha irmã Mercedes, não haveria para Jaci. Salvá-lo não seria milagre, seria magia negra. Mas fiquei quieto.
— Não. Nesse caso, não acredito em milagres.
— Então, não há cura.
Simulei um pouco de pesar:
— O senhor acha que eu devo despedir-me já?

IX. O QUARTO 213

– Acho que sim. O prognóstico é sempre o mesmo: ele hoje perde o movimento das pernas, amanhã dos braços. Em poucas horas, a fala. Pode-se alterar essa ordem, e é possível que agora ele já não consiga falar, o que prejudicaria sua despedida, pelo que entendo. Se é tão importante como você diz, apresse-se.

– Ele pode já estar morto?

– Improvável, porque eu acabo de vê-lo. Mas possível. No atual estado, desculpe se eu já tenho assim tanta experiência, eu lhe digo que o óbito vem em no máximo três dias. Com um retardamento do avanço da metástase cerebral, que pode ocorrer, cinco dias. O cérebro é um grande mistério.

– Concordo.

– Mas é um mistério que se pode mapear, porém não sou especialista nisso. Depende das células que o câncer afeta: pode parar a respiração, pode parar até o coração, antes de paralisar a fala. Impossível dizer exatamente a rota, mas o destino é o mesmo. E a velocidade não muda muito.

Tive de mentir outra vez, mas os senhores a relevância da pergunta. Simulei observar a agenda do meu celular:

– Tenho uma viagem a fazer, de trabalho. Se eu voltar em doze dias, ainda o terei vivo?

– Não.

– Com certeza?

– Nem se eu o congelar.

– O senhor, doutor, está absolutamente seguro de o que me diz? Porque essa minha viagem é muito importante.

– Se você voltar em doze dias, não encontrará nem a herança. Observo quadros como o do teu amigo diariamente. Três dias, o máximo normal; cinco dias, se a metástase resolver passear pelo cérebro, em caminhos não letais. Fui claro?

– É uma pena – falei, em tom de despedida porque olhava o caixa do estabelecimento, em sinal de que pagaria a conta.

– Tem mais uma coisa.

– O quê?

— Eu sou um médico conhecedor dos meus deveres. Digo isso porque, quando vi no exame a metástase no cérebro, fui conversar com Jaci, que estava bem consciente, apenas perdia de modo incipiente a coordenação dos membros. Isso foi faz três dias.

— Sei.

—Disse a ele que a cirurgia não tinha dado o efeito esperado e falei abertamente do quadro, também porque não havia mais a quem noticiar. Talvez por isso ele estivesse tão desesperado nas últimas horas, porque soube a verdade. Mas sempre acho que ela é o melhor caminho.

— E?

— Poucas horas depois de terminada nossa conversa, a enfermeira me entregou isto aqui — e me estendeu um papel pautado, uma folha de caderno —. Um bilhete manuscrito por ele. Pede para que eu o mate assim que entre em inconsciência. É uma situação de desespero, mas bastante realista, como vê.

Li o bilhete.

— Se me permite ficar com ele, pedi e o médico assentiu com a cabeça, então questionei, O que o senhor fará a respeito?, mas acho que meu interlocutor ficou bastante ofendido:

— Do bilhete? Ora, meu caro, os médicos não ministram a morte. Na minha especialidade, se eu atendesse a esse tipo de petição, mataria mais que Hitler.

Ele notou minha cara séria.

—Bom, talvez nem tanto.

Então pude sorrir, apesar da sordidez do comentário.

Despedi-me e voltei dois dias depois. Um dia e meio, mais exatamente. Gostaria que os senhores, destinatários desta missiva, compreendessem minha política de minimização de prejuízos: se o médico me dissesse que Jaci viveria mais de uma semana, eu aguardaria seus momentos finais. Quinze

IX. O QUARTO 213

dias, um mês, dois meses. Ou um ano. Não tinha qualquer pressa, afinal minha atitude já tardara décadas em plasmar-se. Ao contrário, desfrutaria da expectativa com algum prazer, portanto o tempo seria meu aliado. Não que tivesse volta atrás, apenas queria dar maior carga de razão, com uma liturgia consagrada àquele momento, porque compreender o que na vida é compulsório também se faz nossa tarefa. Li algumas vezes o tal bilhete que Jaci escrevera ao médico, e cada leitura aumentava minha carga de decepção. Decepcionado, mas não surpreso, porque seu pedido nada mais era que a covardia prevalecendo sobre seu pragmatismo materialista.

Entrei no hospital antes de iniciar o horário de visita. Como bom verdugo, quando nascia o sol. Temi que a recepcionista, a mesma que me atendera outra vez, me dessa a notícia do óbito ou me fizera esperar até as dez da manhã, mas ela a me autorizou a visita imediata, sabem, o terno inglês. Veio a enfermeira:

– Ele está pouco consciente, mas cuidado. Tinha dores, então lhe ministramos um forte sedativo. O quadro, como o senhor deve saber, é terminal.

– Terminal mesmo?

– Gostaria de poder dar alguma esperança, mas meus anos de corredor de oncologia não me permitem.

– Entendo.

Nem precisei pedir à enfermeira que me deixasse a sós com o moribundo. Ela mesma disse, Fique com ele, eu volto já. Qualquer problema, tem a campainha, Obrigado, eu respondi, vai ser uma conversa rápida.

Aproximei-me do homem que estava de olhos fechados e com sondas e tubos pelo corpo. Afastei o lençol para ver seu braço de pele morena pelo sol e ao mesmo tempo pálida pela falta de sangue, um antebraço perfurado dezenas de vezes por agulhas que lhe tentaram curar, Uma picada a mais não fará diferença!, pensei. Ou falei. Mas ao afastar o lençol, senti subir com força o cheiro ácido – desta vez pouco adocicado, porém ácido – que havia notado outras vezes na vida, mas apenas quando o mundo perdia bons homens. Lembro-me que sorri ao pensar isso, mas de algum modo me desagradou, logo depois, concluir que aquele odor indicava que sua vida chegava ao fim independentemente de minha ação. Tentava prolongar o momento, porém os sinais me diziam que meu tempo era curto. Saquei do bolso do meu paletó uma seringa com o êmbolo já puxado e cheia de líquido fatal, uma dose gigante de um relaxante muscular que simplesmente interrompe as funções vitais. Simples assim. Tirei a capa da agulha e – não posso ocultar aos senhores que com satisfação, a satisfação de quem cumpre a lei – perfurei o braço do homem. Prolonguei a injeção do líquido, bem vagarosa, porque enquanto colocava, imaginava meu velho pai escrevendo a carta que o moribundo se recusou a ler, como se com o líquido eu lhe forçasse pela veia as palavras que ele rejeitara conhecer, Meu filho conhece honra, e é bastante corajoso. "Nenhum de minha linhagem foi covarde, Jaci", eu lhe disse ao ouvido, Morta a cadela, ficaram os filhotes. Lembrei de dona Soledad questionando, *Le ajusticiaron?*, Não havia outro remédio, e agora eu sabia realmente o sentido daquela palavra. Encontrei-lhe sentido fora do dicionário, é assim que se aprende um vocábulo, não? Foi ao sabe-lo que desisti da minha escolinha de francês.

Retirei a seringa vazia, guardei-a no bolso com a agulha protegida, abri o pórtico 213, e dali mesmo mirei atrás, para admirar o corpo de Jaci. Não havia máquinas que monitorassem seus sinais de vida, pelo visto, então a função cabia a mim: encontrei a enfermeira no quarto ao lado.

– Perdão, mas eu acho que o paciente que eu visito não está respirando. Eu acho. A senhora pode ir checar?

Caminhei pelo corredor, para a saída, enquanto do quarto dele já soava uma campainha de emergência e jovens médicos cruzavam rápido a porta 213.

IX. O QUARTO 213

No café em frente ao hospital, que abria suas portas, pedi um chocolate quente e me olhei no espelho, com a sensação de que só então eu começava a viver minha própria vida, de que as contas com o destino, ou com o passado, estavam devidamente saldadas, como em uma equação que finalmente indica o zero, portanto limpa para novas variáveis, para nova aplicação. Minha barba estava grande e quase toda branca, e eu planejara cortá-la ao chegar em casa, para mudar o rosto, para que não fosse facilmente reconhecido, mas sequer era necessário: ninguém jamais suspeitou que a causa da morte de Jaci não fosse o estado terminal do mal que trazia em suas próprias células malignas, com ânsia de reprodução. Em certo sentido, é uma grande metáfora, porque a causa da morte de Jaci foi uma lei da natureza, não biológica, a lei da natureza humana, Deixe a barba aqui no rosto!, pensei, Afinal, ela tem brilho e vitalidade.

- X -
Pedido

Hoje, quando termino esse relato, coincidentemente me ligou o Doutor Carlos. Tossindo, para avisar da morte, e dizer que o falecido me deixara algo ou alguma mensagem, que eu me obrigo a ignorar. Doutor Carlos entendeu isso rápido. Pensei apenas que a tal morte não era uma má notícia, porque o povo diz que as notícias ruins galopam, e hoje faz exatamente um mês que fiz uso da tal injeção letal. Agradeci ao velho advogado, claro, sua boa vontade.

Em minha opinião, todos os detalhes que aqui narrei devem ser levados em consideração para responder às perguntas que formulo. Tomem em conta que todos os fatos sejam absolutamente verdadeiros, porque não há lógica que me faça confessar um delito e mentir sobre suas circunstâncias, quando era tão fácil calar-se. De qualquer modo, peço que trabalhem com essa narrativa.

Gostaria que cada um dos senhores, consagrados juristas, utilizasse sua experiência e seu conhecimento. Para isso, pagarei o quanto pedirem pelo trabalho. Quanto seja justo, quanto me cobreis a hora de análise, de escrita, de reflexão. Eu ainda não decidi se devo me entregar às autoridades, se devo confessar que a *causa mortis* (como os senhores dizem) que consta no atestado de óbito anexo não é a real. Talvez, por justiça histórica, devesse ali constar que a razão do óbito é a paralisação repentina das atividades cerebrais, causada pela injeção endovenosa de um potente relaxante muscular, mas sobre isso decidirão os senhores.

Para dizer que o crime que cometi está capitulado no art. 121 do Código Penal, eu consultaria – sem nenhum demérito – qualquer guarda de trânsito, ou então aquele sujeito desprezível que comenta na televisão as notícias policiais. Não um "jurista". Não uma advogada de intelecto premiado em concursos internacionais. Cada um de vós sete exerce um papel, individualmente, na minha questão. Se a maioria dos senhores me disser que tenho de entregar-me às autoridades, à lei humana, o farei sem qualquer hesitação. Essa é minha dupla obrigação: pago os honorários devidos e, se assim decidir a maioria, me entrego às autoridades, porém apresentando vossas anteriores e fundamentadas considerações. Se a maioria, por justiça, entender que me devo calar, peço que minha história fique sob segredo profissional. A obrigação de Vossas Excelências (e notem que já os trato como juízes do meu futuro) será, depois de analisar profundamente o que escrevi, responder às seis questões adiante, pormenorizada e individualmente. Se entendereis imprescindível, pago dois profissionais diversos mais, para que, diante de minha narrativa, formulem acusação e defesa, promovendo alguma dialética. Lembrai, apenas: não lhes pago para que formulem minha defesa, nem para que me lancem acusações destemperadas. Pago pela resposta de sua livre razão e consciência.

Apenas para constar, lembro que com esta narrativa seguem três anexos: **1)** um atestado sobre minha saúde mental, firmado por dois psiquiatras de renome; **2)** cópia do atestado de óbito de Jaci; e **3)** cópia do bilhete que o covarde escreveu, infelizmente desejando a própria morte.

X. PEDIDO

Abaixo, as questões a serem individualmente respondidas:

I. A narrativa que eu aqui fiz, que retrocede a momentos anteriores a meu próprio nascimento, é relevante para o deslinde jurídico do caso? Se houver detalhes prescindíveis, Vossa Excelência pode indicar-me quais são? O que aqui realmente não interessa para sua decisão final?

II. Considerando minha atitude aqui narrada, que culminou com a tal injeção de veneno, o ordenamento jurídico, globalmente analisado, impõe que eu seja punido? Por quê?

III. Haveria função em uma eventual condenação, no meu caso? Por que a lei imporia um (acho eu) sofrimento futuro para mim? Por favor, explique-me de modo bastante claro.

IV. Considerando tudo o que eu narrei, é **justo** que eu venha a ser punido? Em caso negativo ou positivo, responde-me: coincidem pena **legal** e pena **justa**? Por quê?

V. Só ao fim, só explicado tudo, escreve-me o principal: devo entregar-me às autoridades, confessando minha ação? Sim ou não? Obedecerei o que disserem em veredicto, porém me respondam: minha entrega implicaria um risco de ser eu mesmo injustiçado pela lei do Estado? Por quê? É **justo** que eu me entregue?

VI. No caso, apenas nesse caso, de entender que a pena não seria justa, é ético e legal que Vossa Excelência, advogado por mim contratado e obrigado ao segredo, aconselhe-me a não revelar meu delito a qualquer autoridade pública?

Vós sabeis a responsabilidade de vosso ato. Nele está o futuro deste pobre matemático. Espero que Vossas Excelências desfrutem do meu café. Será um diálogo de gênios.

FIM

Anexo 01:
Atestado médico psiquiátrico

Nós, abaixo assinados, médicos psiquiatras devidamente inscritos na Sociedade Brasileira de Psiquiatria, após distintos exames, realizados independentemente, em conjunto firmamos o presente atestado, para afirmar que o paciente César está em pleno gozo de suas faculdades mentais, sendo, nos termos legais, capaz de conhecer a realidade e se autodeterminar de acordo com ela, nada havendo que possa indicar qualquer processo gravemente maníaco-depressivo, ou que importe em qualquer espécie de delírio, alucinação ou descontrole.

Anexo 02:
Certidão de Óbito:

Jaci Lobo, sexo masculino, viúvo, oitenta e três anos, falecido em 31 de julho do corrente ano, no Hospital Sagrado Coração, tendo como causa da morte: falência múltipla de órgãos, metástase cerebral, adenocarcinoma, sepultado no cemitério do Bom Descanso.

Anexo 03:
Manuscrito

Doutor, compreendi bem meu quadro terminal. Queria dizer-lhe ao vivo, mas preferi deixar por escrito. Por favor: ministre-me um sedativo e me leve desta vida. Estou sofrendo muito. Garanto-lhe que, lá para onde eu for, estarei agradecido para com sua ação. Obrigado, meu doutor.

Ass. Jaci Lobo

ÍNDICE

PREFÁCIO À SEGUNDA EDIÇÃO   7

PREFÁCIO À PRIMEIRA EDIÇÃO   11

SUMÁRIO   15

INTRODUÇÃO À SEGUNDA EDIÇÃO   17
    1. Concepção do Caso   18
    2. Sugestão para uso do caso concreto   21

I. Meu crime   25

II. Mercedes   35

III. O Xingu, eu e as consequências   41

IV. Outras perdas   53

V. A padaria e o coágulo   63

VI. Vinho   65

VII. São Paulo e o advogado   71

VIII. Livros e Sentido   79

IX. O quarto 213   103

X. Pedido 113
Anexo 01: Atestado médico psiquiátrico 117
Anexo 02: Certidão de Óbito 117
Anexo 03: Manuscrito 118

ÍNDICE 119